사두 선다 싱

사두 선다 싱: 신비주의와 실천적 종교 탐구
The Message of Sadhu Sundar Singh:
 A Study in Mysticism and Practical Religion

초판 발행:1993년 6월 10일
지은이: B.H. 스트리터; A.J. 아파사미
옮긴이: 황선국
발행처: 은성출판사
등록:1974년 12월 9일 제9-66호
ⓒ 1993년, 2006년 재판, 은성출판사
주소: 서울시 강동구 성내동 538-9
전화:(02) 477-4404-1353
팩스:(02) 477-4405
홈 페이지: www.eunsungpub.co.kr
이-메일: esp4404@hotmail.com

출판 및 판매에 관한 모든 권한은 본 출판사가 소유하고 있습니다.
출판사의 사전 서면 허락 없이 상업적인 목적으로 번역, 재제작, 인용, 촬영, 녹음 등을 할 수 없음을 알려 드립니다.

ISBN 89-7236-048-1 33230
Printed in Korea

The Message of Saduh Sundar Singh:

A Study in Mysticism and Practical Religion

B. H. Streeter & A. J. Appasamy

사두 선다 싱

신비주의와 실천적 종교 탐구

B. H. 스트리터, A. J. 아파사미 공저
황선국 옮김

목차

서 론/ 11
1. 그의 인물과 영적 성숙/ 19
   평화를 추구하며/ 20
   기독교로 회심하여 성자가 되다/ 22
   완덕을 향하여/ 37
   세계적인 명성을 얻다/ 47

2. 신비가의 신조/ 57
   그리스도 중심 신비주의/ 57
   삼위일체에 대한 환상/ 61
   성육신/ 62
   예수의 속죄/ 65
   그리스도와의 신비적 연합/ 70

3. 신비가의 평화/ 73
하나님의 평화/ 73
십자가의 철학/ 78
영혼의 어두운 밤/ 82

4. 신비가의 길/ 85
신비가와 보통 사람들/ 85
단념과 적극적인 봉사/ 87
기도의 본질/ 92
기도의 필요성/ 96
기도의 습관/ 98
초신자의 길/ 102

5. 엑스타시와 환상/ 107
그 비의적 성격/ 107
유대 환상가들의 환상/ 109
천국/ 112
육체의 부활/ 119
최후의 심판/ 121
지옥/ 122
그 외의 다른 환상들/ 124
엑스타시 상태의 본질/ 126
성자만이 지녔던 현상들/ 132
사상과 그 상징/ 135
하나님의 인도하심/ 137
교회의 권위/ 139
엑스타시에 도사린 위험들/ 140

6. 고통과 죄와 심판/ 147
   업(業)/ 147
   고통/ 149
   죄/ 152
   회개/ 156
   심판/ 160

7. 마음과 머리/ 165
   주지주의에 대한 반동/ 165
   지성의 기능/ 168
   무익한 질문들/ 170
   도덕적 장애/ 172
   그리스도에 대한 지식/ 173

8. 자연과 성서/ 175
   자연의 책/ 175
   성서/ 179
   기적들/ 186

9. 탁상 담화/ 191
   설교자/ 191
   생명과 희망/ 193
   봉사/ 194
   종교/ 197
   섭리/ 199
   내세/ 200

10. 인도 기독교에 대한 전망/ 203
　기독교와 민족적 특징/ 203
　철학적 범신론/ 210
　요가와 박티/ 213
　성자의 이상/ 216
　돈/ 218
　결혼/ 221
　기독교 성자와 그 미래/ 223

서론

지난 시대의 신비가들과 우리들 사이에는, 신비의식神祕意識 자체에 대한 문제는 차치하고서라도, 역사적 상상력으로는 완전히 뛰어 넘을 수 없는 시대와 상황의 장벽이 가로놓여 있다. 그러나 본서에서는 우리 자신과 동시대인이라는 큰 이점이 있는 한 신비가를 연구하게 될 것이다.

그 역시 '신과의 교제 의식'으로 사심 없는 행동과, 인류를 위한 실천적인 봉사의 삶을 살 수 있었던 사람이기에 현 시대에 호소하는 바가 매우 큰 신비가들 중 한 사람이라 할 수 있다. 통상 "성자" Sadhu 라고 하는 선다 싱 Sadhu Sundar Singh 은 외적 제조건에 관한 한 아씨시의 성 프란시스 St. Francis of Assisi 와 같은 삶을 20세기에 살고 있다. 그의 내적 체험은 여러 면에서 바울을 생각나게 하고, 또 어느 면에선 줄리아나 Mother Juliana 를 연상시키지만, 그에게는 그만의 독특한 점들도 있다.

그러나 여기서 감히 그를 바울이나 줄리아나와 함께 언급하는 것은 그 위대함을 비교하려는 것이 아니라, 단지 그 유형의 동일성을 지적코자 함이다. 특정한 시기에 역사가 그 용어를 사용했다는 의미에서 선다 싱이 과연 위인인가 하는 것은 역사가 판단할 일이다. 그러한 의미에 있어서, 어떤 인물의 생애가 끝나기 전이나 혹은 그와 동시대인들에 의해서는 그를 위인이라고 단정할 수는 없을 것이다. 그러나 선다 싱을 프란시스나 바울과 같은 선상에서 이야기할 수는 없다고 해도, 그를 앎으로써 그들을 더욱 잘 알 수는 있게 될 것이다.

선다 싱은 형이상학자나 과학자 혹은 고상한 평론가가 아니다. 사실 그의 식견은 많은 점에 있어서 현대인들보다는 신약성서 기자들에 더 가깝다고 할 수 있으며, 도덕 및 종교적 가치 기준에 대한 그의 직관적인 통찰력 또한 그러하다. 그와 가깝게 지내온 모든 사람들이 그에겐 그의 모국인들 뿐만 아니라 서구인들에게도 호소하는 메시지가 있다고 확신하게 되는 것은 바로 이 직접성과 단순함이 그들에게 감명을 주기 때문이라 하겠다.

그 내용에 있어서보다는, 기묘하지만 언제나 적절한 예화와 우화가 풍부한 회화성, 꾸밈이 없는 자연스러움, 그리고 타고난 유머감각이 번뜩이는 그의 교수법은 서구인들에게 훨씬 더 색다른 신선함을 안겨준다. 더욱이 사람들의 눈길을 끄는 그의 외모―머리에 두른 터번과 홍포―는 자애로 빛나며 깊은 평정이 깃든 용모와 낭낭한 어조, 그리고 가끔 마음 속 깊이 자리 잡고 있는 하나님의 평화를 드러내 보이는 몸짓과 미묘하게 조화를 이루어 이중적인 효과를 준다.

싸늘하게 식은 문자로 그의 인격에서 흘러나오는 분위기를 재연하고, 게다가 그의 말에 실려 있는 창조적인 감명을 다른 사람들에게 전달한다는 것은 불가능한 일이다. 더구나, 그가 능숙하게 구사할 수 있는 모국어가 아니라 그가 마음대로 구사할 수 없어 때때로 그에게 신선하고 생생한 전통적 종교 사상의 어구로 표현해야만 했던 영어로 된 그의 말로 된 이유일 것이다. 개인적으로 그와 얼굴을 맞대고 있다면 이것이 별로 문제가 되지는 않겠지만, 그가 단상에서 하는 연설을 듣고 있으면 이것이 더욱 문제가 된다. 더욱이 종이 위에 기록된 글만을 통해서는 그 인물과 메시지의 풍부한 감명이 현저히 삭감된다. 비록 인쇄된 활자로는 그를 충분히 올바르게 평가할 수 없다 해도, 어느 정도의 도움은 될 수 있으리라 생각한다. 한 번이라도 그를 보고 자신이 이해한 것보다 훨씬 이상의 것이 있음을 느꼈던 많은 사람들은 활자로 된 글을 그의 태도나 인품에 대한 기억쯤으로 해석할 것이다. 바라건대, 그를 소문으로만 알고 있는 사람들일지라도 무엇인가 확실한 가치를 발견하게 되었으면 한다. 하여간 그의 서구 방문이 남기게 될 그 무엇인가를, 운 좋은 소수의 개인적인 감명과 군중들의 일시적인 흥미보다는 더욱 명확히, 가능하면 더욱 영구히 보존하고자 하는 시도가 있어야 할 것이다.

선다 싱의 마음은 일화, 예화, 경구 및 우화들로 가득 흘러넘치는 저수지와 같지만 그는 같은 이야기를 되풀이 하는 것에 대해서는 조금도 신경을 쓰지 않는다. 사실, 그는 반복하기를 좋아하는 것처럼 보인다. "우리는 이미 다른 사람들에게 빵을 주었기에, 굶주린 사람들에게 빵을 나누어 주길 거절하지 않는다"라는 그의 말만 해도, 우리가 사용한 기록 문헌이나 출판 문헌들 속에서 한 번 이상 반복하여 나오는 것을 계속해서 찾아내었다. 그는 "나의 입에는 저작권이 없다"고 말한다. 우리가 그의 입에서 나오는 대로 받아 적은 많은 말들이 나중에 알고 보면 이미 출판된 문헌들 속에 있는 것들이었다. 대부분의 경우, 그 번역문들은 이상하리만치 거의 틀린 데가 없었으나, 우리는 항상 임의대로 자유롭게 그 번역들을 비교하여 수정하거나 보충하였다. 우리는 영어가 그의 모국어가 아니라는 것을 알고 있었기에 적지 않은 어구상의 수정을 감행하였다. 그의 교훈이 생활 방식 및 신비적 체험과 더불어 하나의 유기적 통일체를 형성하는 회화繪畵 형식으로 된 하나의 완전한 신학임을 우리가 깨닫게 된 것은, 그의 흩어져 있는 말들을 주제별로 함께 수집하기 시작했을 때였다. 본서가 사실에 충실한 것 이상의 어떤 장점이 있다면, 그것은 주로 이 내적 통일성과 일치를 포착하여 드러내려고 시도했다는 데 있을 것이다.

이 작업에는 원래 상이한 처지에서 했던 말들과 각자 다른 자료들에서 뽑아낸 많은 자료들을 재정리하고 문맥에 따라 맞추며, 때에 따라 같은 단락으로 만드는 일들이 불가피하게 수반되었다. 우리는 본문 속에서 중요하고 논란의 여지가 있는 사실의 경우에 한하여 자료의 정확한 출처를 밝히는 것이 필요하리라 생각하였다. 그러나 "우리는 질문하였다" 혹은 "그는 우리에게 말하였다"와 같은 문장들이 있는 곳은, 선다 싱이 어떤 말을 할 때에 적어도 저자 중의 한 사람이 그 자리에 참석하고 있었음을 암시해 준다. 하지만, 인칭 대명사를 삽입하기에 마땅치 않은 문맥에서는 이와 같은 증거들에 입각하여 종종 설명의 말을 덧붙이기도 하였다.

아파사미A. J. Appasamy는 나와 함께 이 연구를 하고 있는 분으로 나의 대학 동료이다. 인도에서 대학을 졸업하고 미국 대학원에서 4년간 수학한 후, 지금은 사도 요한의 신비주의와 힌두교 박티 시인들Hindu Bhakti Poets의 신비주의 간의 관계를 연구하고 있는데, 작년 2월 선다 싱이 옥스포드에서 머무르고 있던 주간에는 그와 빈번히 접촉하기도 하였다. 그 결과 우리는 선다 싱의 교훈을 영구히 기록해 놓는 것이 그의 영국 방문 성과를 한층 더 철저히 하고 공고히 하는 데 실질적인 도움이 되리라 생각하고는, 그에게 제안하여, 마침내 선다 싱이 런던과 파리에서 지낸 약 2주 동안에 아파사미가 그와 함께 생활하면서 질문을 하여 필기해 두기도 하면서, 그가 여러 유명 인사들과 가진 대담에 참석하였다. 선다 싱이 가진 대담들 중에서 특별히 바론 폰 휘겔Baron von Hügel과의 대담은 우리 목적에 큰 도움이 되었다. 휘겔은 이미 그에 대한 파커 부인의 글을 읽어 본 터라 신비주의 문헌에 대한 자신의 해박한 지식으로 주도면밀하게 준비된 질문들을 그에게 할 수 있었다. 그리고 그는 선다 싱의 철학과 종교 사상을 메모하여 우리에게 보내오기까지 하였다. 이후, 그는 우리와 만나서 구두로 그것에 관해 의견을 교환하였다.

   나 자신은 성자와 개인적인 대화를 나누기도 하고, 그가 옥스포드 및 런던에서 행한 강연회에 참석하기도 하였다. 그리고 작년 5월, 선다 싱은 미국으로 떠나기에 앞서 본서의 내용에 대해 우리와 토론하기 위해 옥스포드로 돌아와 나와 함께 대학에 머물렀다. 나와 함께 머무른 약 2-3일 간의 대부분을 그는 우리 질문에 답하고, 우리가 아는 한 지금까지 공식석상에서 한 번도 밝힌 적이 없는 그의 신비 체험을 비롯하여 많은 자료들을 제공해 주며 그의 사상을 쏟아놓는 데 시간을 할애해 주었다. 문체와 표현의 일치를 위하여 마지막 정리는 내가 직접 하였다. 그러나 최종적인 증거 서류들의 교정을 포함한 각 단계에서 나와 나의 공동 저자는 긴밀하게 일치 협력하였기에 본서를 전적으로 어느 한 사람의 작품이라고 말할 수는 없다. 모든 면에 있어서 본서는 하나의 공동작품이라 할 수 있다.

   이 책으로 인하여 저자들에게 어떤 순이익이 발생한다면 그것은 모두 종교적인 목적을 위하여 사용되었으면 하는 것이 선다 싱의 바램이었다. 그 대상을 그에게 추천해 달라고 하였으나 그는 그 선택을 내가 하는 것이 더 나을 것이라 말하였기에, 나는 공동저자와 협의한 후에 인도 선교회 National Missionary Society of india에 그 이익금을 송금하기로 결정하였다.

   지금까지 성자에 대하여 나온 글 중에서 가장 중요한 것은, 인도 기독교 문서회Christian Literature Society of India에 의해 트리반드룸Trivandrum과 트라

반코아Travancore에서 출간된, 런던 선교회London Mission 소속의 파커 부인이 지은 『사두 선다 싱』을 들 수 있을 것이다. 인도 기독교 문서회에서는 성자에 대한 그 책의 인물 묘사를 본서 앞부분에 다시 게재할 수 있도록 흔쾌히 허락해 주었으며, 그 책의 저자인 파커 부인은 친절하게도 이 값진 정보 자료들을 이용할 수 있도록 허락해 주었다. 그러나 그녀의 책은 영국과 미국에서 이미 널리 반포되었고, 또 우리의 주요 목적이 전기적인 것이 아니었으므로, 우리는 거기서 다룬 모든 내용을 그대로 다루는 일은 가급적이면 피하도록 신중히 고려하였다.

다음으로, 우리 자료의 주요 출처로서 그가 구두로 말한 것을 받아 적은 선다 싱의 교훈은 다음 세 가지로 분류해 볼 수 있다. 첫째는, 그가 영국에서 행한 여섯 번의 강연을 속기한 자료이다. 이것은 우리의 뜻에 따라 Y.M.C.A 전국 협의회에 의해 힌들의 작업으로 기록된 것이다. 힌들에게는 그 외에도 많은 것에 대하여 감사를 전한다. 둘째는, 인도 선교회가 마드라스에서 출판한 타밀어Tamil—타밀어는 아파사미의 모국어이다—로 된 선다 싱의 강론집이다. 그것에 대하여 선다 싱은 비교적 한가할 때에 자기의 사상을 번역하는 데 있어 충분히 믿을 수 있는 친구에게 자기가 힌두스탄어로 말하는 것을 받아쓰게 한 것이라 하였다. 세째로는, '일곱 강연록'Seven Addresses이다. 이것은 칸디 기독교 연합 선교회Kandy United Christian Mission가 스리에서 행한 선다 싱의 강론을 위의 제목으로 출판한 것이다. 우리는 또 『세계의 성서』 Bible in the World 와 『해외 선교 현장』 Foreign Field, 1920. 6에서도 쓸 만한 자료들을 모았다. 그리고 '성 요한 대학' St. John's College 의 자히르A. Zahir와 선다 싱의 친구이자 열렬한 숭배자인 아그라Agra, 그리고 한 때 성자와 동역자이기도 하였던 스토크스A. E. Stokes의 저작들에서도 종종 인용하였으며 그때마다 본문에 표시를 해 두었다.

저작권에 관계없이 우리로 하여금 마음대로 자료들을 사용할 수 있도록 관용을 베풀어 주신 편집인들과 발행인들에게도 이 자리를 빌어 감사함을 표하는 바이다.

선다 싱의 학창 시절 이후로 그의 서로 다른 각 시기마다 우연히 그와 개인적인 친분을 나눌 수 있었던 우리의 인도 친구들 중 몇 명이 지금 영국에 있다는 사실도 우리에게는 행운이었다. 인도 및 다른 지역에서 그를 알게 된 다양한 영국 친구들은 물론 이 인도 친구들은 우리의 질문에 답변해 주고, 견해를 제시해 준다든지, 책 전체나 부분의 원고나 증거 자료로 읽게 해줌으로써 우리에게 큰 도움을 주었다. 그 이름을 모두 언급할 수 없는 상황에서 몇 명만을 언급한다면 불쾌한 일이 될 수도 있을 것이다. 마지막으로, 쉐르본Sherborne의 화이트 부인과, 옥스포드 하트포드 대학의 리처드슨R. D. Richardson에게 감사드린다. 화이트 부인께서는 심혈을 기울여 자료를 교정해 주었으며, 리처드슨은 색인을 작성해 주었다.

본서가 그의 메시지에 대한 정확한 설명이 될 수 있도록 선다 싱이 끊임없이 기도해왔다는 사실을 우리는 그의 편지를 통해서 알고 있다. 집필은 끝났다; 그러나 그의 인물됨을 충분히 묘사해 내지 못했다는 생각은 떨칠 수가 없다. 아무쪼록 선다 싱의 존재로 말미암아 자기를 잊고, 그를 잊고, 오직 그리스도만 생각하게 되기를 바란다.

1921년 2월 1일
옥스포드 퀸스 칼리지에서
B.H. 스트리터

제1장

그의 인물과 영적 성숙

　1920년 9월, 선다 싱이 서구에서 인도로 돌아오기까지 그의 인생 여정은 명확히 네 시기로 구분된다. 첫 번째 시기는, 특히 후반에 들어 더욱 열성적으로 평화를 추구하는 것으로 특징 지워지는데, 16세에 이르러 기독교로 개종함으로써 끝을 맺게 된다. 두 번째 시기는, 7년간의 다양한 체험과 내적 성장을 포함하여 기독교인으로서 힌두교의 "성인" 혹은 사두sadhu의 생활을 채택하는 것으로 특징 지워진다. 23세 때, 그는 주님을 모방하여 사십 일 간의 금식을 시도한다. 그는 이 40일 간의 금식을 다 채우지는 못하였으나 이 시도로 대단한 영력과 통찰력을 얻었다. 이것은 세 번째 시기의 출발을 구분시켜 주는 금식이기도 하다. 그의 삶에서 이 세 번째 시기는, 모험적인 사역과 구사일생의 생존으로 점철되었을 뿐만 아니라, 영적 성숙을 이룬 기간이라 할 수 있다.

　1917년 말까지 그의 활동은 인도 북부 지역과 티베트에 한정되어 있었다. 1918년 초에 그는 인도 남부와 실론을 방문하게 되었는데, 이로써 세계를 두루 돌며 전도 여행을 하는 그의 네 번째 시기가 열리게 된다.

첫 번째 전도 여행에서 그는 버마와, 영국의 동남아시아 해협 식민지, 중국, 일본을 방문하였고, 두 번째 전도여행에서는 유럽과 미국 및 호주를 방문하였다. 이 3년간의 여행 기간 동안, 그는 인생 초반의 불같은 시험이었던 고난과 박해로, 평생 사도요 성인으로서 존경을 받으며—이것은 별로 과분한 것이 아니다—시험을 받아야 하는 더욱 위험한 시련을 대신하였다.

평화를 추구하며(1889-1904)

1889년 9월 3일, 인도 북부의 파티알라 주$_{Patiala}$ 람푸르$_{Rampur}$에서 부유한 가정의 막내아들로 태어난 선다$_{Sundar}$는 호사스런 생활 속에서 성장하였다. 어릴 때의 안락한 가정생활에 대한 회상은 종종 그의 연설 속에 반영되어 나타나고 있다. 그의 안이한 생활이 영적인 불안으로 인하여 무익한 것이 되어버린 것과는 대조적으로, 그는 성자의 생활에 따르는 고난과 더불어 내적인 기쁨과 평화가 솟아나는 행복을 맛보았다. 그의 부모님은 시크교도였으나, 그 종교 사상과 생활 습관 면에서 볼 때에, 예배처를 자주 방문하며 경전을 읽고 시크교와 힌두교의 모든 스승들과 긴밀히 사귀는 등 거의 힌두교도인 것처럼 보였다. 선다 싱은 영어나 그의 모국어로 말할 때의 그 독특한 어투로 이 시기의 생활에 대하여 다음과 같이 말한다. "나는 시크교도가 아니라, 진리를 추구하는 구도자$_{求道者}$이다."

그의 독특한 종교적 성향을 육성하고 지도한 사람은 누구보다도 그의 어머니였다. 그가 어머니에 관하여 말할 때마다 그의 얼굴이 사랑으로 밝게 빛나는 것을 많은 사람들이 주목하였다. 어머니에 대한 그의 이야기는 어머니의 고귀한 사상이 자녀에게 미칠 수 있는 감화력의 가능성을 잘 보여주고 있다. 한번은 어느 목사가 선다 싱에게 "만일 당신이 신학 교육을 받는다면, 당신의 감화력은 더욱 효과적이 될 것입니다"라는 제안을 했다. 그러자 선다 싱은 "나는 세상에서 가장 훌륭한 신학교를 다녔습니다"라고 대답하였다. 그 목사가 놀라서 그러냐고 묻자, 그는 "어머니의 가슴은 이 세상에서 가장 훌륭한 신학교입니다"라고 대답했다. 캔터베리의 대주교에게 어머니에 대해 말하면서, 그는 이런 말을 하였다: "만일 천국에서 나의 어머니를 뵙지 못한다면, 나는 하나님께 간청하여 그 분과 함께 있을 수 있도록 지옥으로 보내달라고 할 것이오." 그의 어머니는 그가 성장하여 좇아야 할 이상으로서 사두의 삶을 끊임없이 제시하면서, 이 세상에 속한 것들을 버리고 태고부터 인도 종교에서 추구해 온 홀로 영원하며 영원토록 만족을 주는 내적 평화를 얻도록 힘쓸 것을 당부하였다. 어머니는 그가 열네 살 때 돌아가셨는데, 그 상실감으로 인하여 그는 그 후 이 년 간을 더욱 뜨겁게 구도에 매진한 것으로 생각된다.

어머니가 그의 마음속에 심어놓은 이 평화를 얻고자 하는 갈망은 더욱 강해져만 갔다. 그러나 어머니가 그에게 지시해 준 방법은 전혀 소용이 없었다. 그는 일곱 살에 힌두교 경전 중에서 가장 탁월한 것으로 평가받고 있는 『바가바드-기타』 Bhagavadguita를 거의 암송했으며, 열여섯 살 때에는 시크교의 경전인 『그란트』 Granth와 회교의 경전인 『코란』 Quran을 읽었으며, 힌두교 경전인 『우파니샤드』 Upanishads도 어느 정도 읽었다. 이것은 인도인들이 앵글로-색슨족보다 상당히 조숙하다는 점을 감안하더라도 놀라운 성취가 아닐 수 없다. 그러나 그 모든 것이 무익하기만 하였다.

어머니는 그에게 길을 보여주는 경전을 가르칠 수 있는 사제나 성자들에게 그를 데려가곤 하였다. 그리고 한동안은 힌두교 성자의 지도를 받으며 요가를 수련하였다. 요가는 수련의 한 방법으로, 힌두교도들 사이에서 높은 평가되고 있는데, 황홀경으로 몰입되는 정신집중을 통하여 지고의 정신과 일치를 이루고, 그 결과 평화와 조명 얻고자 하는 것이다. 그러나 그것도 아무런 소용이 없었다. 그는 마을에 있는 장로교 미션 스쿨을 다니며 처음으로 성서를 알게 되었다. 그러나 그것은 조상 전래의 종교를 완전히 파괴하며, 시크의 혈관에 흐르는 자랑스러운 전통을 모욕하는 것이었기에 혐오감을 줄 따름이었다.

기독교로 회심하여 성자가 되다 (1904-1912)

1904년 12월 18일에 일어난 선다 싱의 회심 이야기는, 칸디Kandy에서 행한 그의 강연 내용을 그대로 받아 적은 것이다.

"대체로 전도자와 기독교인들이 나에게 찾아오곤 했으나, 나는 그들에게 저항하며 그들을 핍박하였다. 어느 마을에 들어갔을 때 나는 그 마을 사람들이 기독교 전도자들에게 돌을 던지는 것을 목격하였다. 나는 기회가 있을 때마다 성서를 찢고 불태워 버리곤 하였는데, 아버지의 면전에서 나는 성서와 다른 기독교 서적들을 난도질하여 석유를 붓고 태워버리기도 하였다. 나는 이것이 거짓종교라고 생각하여, 그것을 박멸하는 데 내가 할 수 있는 일이라면 무엇이나 다 하였다. 나는 우리 민족의 종교에 충실한 사람이었다. 그러나 우리 종교의 의례와 규율을 모두 수행했는데도 나에게는 만족이나 평화가 없었다. 그래서 나는 모든 것을 다 팽개치고 자살을 생각하였다. 성서를 불태운 지 삼일 후에, 나는 새벽 세 시에 일어나 목욕을 하고 기도하였다. '오 신이여! 만일 당신이 계신다면, 나에게 올바른 길을 보여 주십시오 그렇지 않으면 나는 자살하겠습니다.' 내 생각은, 만족을 얻지 못하면 5시 기차가 지나가는 철로 위에 머리를 얹고 자살하겠다는 것이었다. 이 세상에서 만족을 얻지 못한다면 내세에서나 그것을 얻을 생각이었다. 나는 계속 기도하고 또 기도하였으나 아무런 응답도 받지 못했다. 또 다시 평화를 얻길 바라며 30분을 더 기도하였다. 새벽 4시 30분, 나는 이전엔 결코 생각하지도 못하였던 것을 보았다. 내가 기도하고 있는 방 안에서 나는 거대한 빛을 보았다. 나는 불이 났는가 하여 주위를 둘러보았으나 아무 것도 발견할 수가 없었다. 그 때, 이것은 어쩌면 신이 나에게 주시는 응답일 것이라는 생각이 들었다. 그래서 기도를 하며 빛 속을 바라보자, 주 예수 그리스도의 형상이 보였다. 그것은 영광과 사랑의 모습이었다. 만일 그것이 힌두교의 화신이었다면, 나는 그 앞에 굴복하여 엎드렸을 것이다. 그러나 그것은 며칠 전에 내가 모욕했던 주 예수 그리스도였다. 나는 이런 환상이 내 상상력에서는 나올 수 없으리라는 느낌이 들었다. 나는 힌두스탄어로 말씀하시는 그의 목소리를 들었다. '언제까지 네가 나를 핍박하겠느냐? 나는 너를 구원하러 왔다. 너는 올바른 길을 알고자 기도하면서 왜 그 길을 취하지 않느냐?' 그리고 이런 생각이 들었다. '예수 그리스도는 죽지 않고 살아계시며, 이 분이 바로 그분이심에 틀림없다.' 그래서 나는 그분 발아래 엎드려 어느 곳에서도 맛보지 못했던 이 놀라운 평화를 받아들였다. 이것은 내가 그처럼 원하던 기쁨 바로 그것이었으며, 천국 바로 그것이었다. 내가 일어났을 때 환상은 사라졌지만 그 평화와 기쁨은 지금까지 내게 남아있다. 나는 아버지에게 달려가 내가 기독교인이 된 것을 말씀드렸다. 그러나 아버지께서는 '가서 자거라. 네가 성서를 불태운 것이 바로 엊그제이지 않느냐. 그런데 이제는 또 기독교인이라고 말하는구나'라고 말씀하셨다. 이에 나는 '그래요, 나는 그리스도께서 살아계신다는 것을 알았고 그를 따르기로 결심했어요. 오늘부터 나는 그의 제자로서 그를 섬기겠습니다' 라고 대답했다."

그 환상이 단지 꿈이었거나 아니면 상상의 결과가 아니었겠는가, 혹은, 그것은 선다 자신의 자기-최면으로서 힌두교의 요기들이 황홀경에 빠졌을 때 체험하는 환상과 유사한 것이 아닌가 하는 의문들이 분명히 그에게 제기되었다. 이에 대하여 선다 싱은 두 가지 사실을 강조하였는데, 그것은 그가 기도를 시작하기 전, 겨울인데도 새벽에 냉수 목욕을 하였으므로 꿈을 꾼 것이 아니라는 것과, 그리스도의 나타나심은 전혀 예기치 못했다는 것이었다. 그러나 무엇보다도 그는 그 환상의 결과가 그토록 혁명적이었고 지속적이었다는 사실에 그 중요성을 부여한다. 그 때 그의 영혼 속으로 물밀듯이 밀려든 그 평화가 지난 14년 간 한 번도 사라진 적이 없으며, 특별히 시련과 박해를 받을 때에는 더욱 더 깊어지기만 하였다는 사실이다. 이로써 그가 추론할 수 있는 한 가지 사실은 그 순간부터 어떤 새로운 외부의 힘이 그의 삶에 들어왔으며, 그에게 나타나서 말씀하신 분은 다름 아닌 그리스도였다는 사실이다. 또한 그는 당시만 해도 바울의 회심 사건을 모르고 있었던 것으로 생각된다. 물론, 설사 알고 있었다고 하더라도 그러한 시점에서는 절대적으로 기억에 의해 좌우될 수는 없는 일이다. 그러나 그는, 그가 회심에 이르기까지 부분적으로 성경의 영향이 있었다는 사실을 인정하며 또 언제나 강조하려고 한다. 그는 그 후로 자신이 엑스타시 상태에 있을 때 체험한 그리스도의 환상과 그의 말씀을 우리에게 말할 때, 그리스도를 육체의 눈으로 직접 보고 그 말씀을 "두 귀로" 직접 들은 회심 때의 환상과 그가 "영적인" 눈으로 보고 귀로 들은 그 이후의 환상들을 분명하고 단호하게 구별하여 말하였다.

과학의 탐구 정신과 종교의 정신은 서로 반대되는 것이 아니라 인간이 서로 다른 면을 추구하여 동일한 진리에 이르는 두 가지 서로 다른 길 뿐임을 믿듯이, 우리는 신의 능력이 다른 자연 법칙에 못지않게 심리학적 법칙 안에서, 또 그것을 통하여 작용한다고 믿는다. 그러므로 우리는 주저하지 않고 그 선다 싱이 이 환상 중에 실제로 분명한 신의 소명을 받은 것이라고 단언할 수 있다. 그러나 그러한 이유로 소명을 체험한 그 형식이 심리학적 법칙에 의해 제약되었다는 것을 부인하는 것은 아니다. 어쨌든, 이 환상이 그의 삶에 있어 전환점이 되었다는 사실은 의심할 여지가 없다 하겠다. 이후로는 그의 내면에서 그를 지배하고자 투쟁하던 상이한 요소들이 새로운 조화를 이루고, 새로운 균형 상태를 이루어, 새로운 가치관이 형성되고, 그 시각으로부터 그가 새로운 사람이 되었던 것이다.

그의 아버지와 삼촌, 그리고 형은—어머니는 이미 돌아가셨다—그가 기독교인이 되지 못하게 하려고 백방으로 노력하였다. 그가 조상 전래의 종교에 남아 있으면 모두 그의 것이 되었을 부와 사회적 지위, 그리고 그가 기독교인이 되면 그의 가족에게 수치와 불명예가 주어진다는 사실도, 그로 하여금 돌아서게 하지 못하였다.

애정과 도리로서 어쩔 수 없게 되자 가족들은 그를 박해하기 시작하였다. 9개월 동안 그는 갖가지 모욕과 창피를 당해야 했다. 나중에는 족장 Raja이 종족의 명예와 자존심에 호소하였으나, 그의 결심은 조금도 흐트러지지 않았다. 마침내 그는 가족으로부터 의절을 당하고 영원히 추방되었다. 집에서는 그에게 독이 섞인 빵을 주어 떠나게 하였는데, 그가 계속 살아서 가족에게 불명예를 주는 것보다는 죽는 것이 더 낫다고 판단한 까닭이었다.

"내가 집에서 쫓겨나던 첫 날 밤을 지금도 기억한다. 나는 구주를 만나고 나서, 그 일을 아버지와 형, 그리고 다른 친척들에게 말씀을 드렸다. 처음엔 가족들이 별 관심을 두지 않았으나, 나중에는 내가 기독교인이 되는 것이 커다란 불명예가 된다고 생각하여 나를 집에서 쫓아냈다. 그 추운 첫날 밤, 나는 나무 아래서 지샜다. 나는 그러한 경험을 해 본 적이 없었으므로, 몸을 피할 곳도 없이 그러한 곳에서 지내는 것에 익숙하지 않았다. 그리고 이런 생각이 들었다. '엊그제까지만 해도 집에서 호화롭게 살았는데, 이제는 몸을 의탁할 곳도 없고 따뜻한 옷이나 음식도 없이 여기서 추위에 떨며 굶주리게 되었구나.' 나는 그 밤을 꼬박 나무 아래서 지새야 했으나 내 마음속에 있는 그 놀라운 기쁨과 평화, 그리고 구주의 현존을 생각했다. 내 손에는 신약성서가 들려 있었다. 나는 그날 밤을 천국에서의 첫 날 밤이라 생각하였다. 나는 집에서의 호사스럽게 생활하던 때와 그 때를 비교하게끔 하는 그 놀라운 기쁨을 생각했다. 사치와 안락 속에서 나는 마음의 평화를 발견하지 못하였는데, 구주의 현존으로 말미암아 고통이 평화로 바뀐 것이다. 그 이후로 나는 항상 구주의 현존을 느껴왔다."

1905년 9월 3일, 그는 시믈라Simla에 있는 성공회에서 세례를 받았다. 기독교인이 되기로 결심하면서, 그는 힌두교의 "성자" 복장과 그 삶의 방식을 채택하여 그 인상적이고 창조적인 생각을 실천에 옮겼다. 사두sadhu, 산야시sannyasi, 파키르fakir—이들의 차이를 여기서 논하지 않겠다—들은 아무것도 소유하지 않고 오직 자신의 "신분"을 나타내는 홍포만을 걸치고 다닌다. 선다 싱은 자기가 채택한 특이한 유형의 종교생활에 전적으로 헌신하였다. 그 생활은 주로 금욕적인 생활이나 고독한 명상 내지는 신비적 황홀경, 혹은 드물게 설교를 하는 생활인데, 개인마다 같진 않았다.

"성자"들은 대단한 존경을 받았는데 신분이 높은 사람들조차도 그들을 존경해 마지않았다. 미신적으로 그들에게는 신비한 능력이 있는 것으로 알아, 음식이나 잠자리를 공양하는 것은 종교적인 공로 행위로 간주되었다. 그로 인하여, 고귀한 이상이나 성스런 생활을 하는 사람들이 그것을 하나의 "직업"으로 택할 수 있는 것도 사실이며, 그 이상이나 생활이 고귀하거나 성스러운 것과는 거리가 먼 사람들도 그것을 매력적인 것으로 생각하는 것도 사실이다. 그러나 많은 사람들의 태만한 생활에도 불구하고, 소수의 철저한 금욕생활로 인하여 그것은 명성을 유지해 오고 있다. 그리고 진정한 산야시는 스와미Swami, 마하트마Mahatma, 마하라자Maharaja와 같은 신적이고 왕 같은 칭호로 예우를 받았다.

기독교로 회심하여 성자의 역할을 채택하기 위해서는 한 가지 큰 어려움을 감수해야 했으나 대단히 유리한 점도 있었다. 그 이점은 특별히 힌두교 양식으로 새로운 종교를 가르칠 기회가 포착될 수 있다는 것이었으며, 그 어려움은 이 특별한 선다 싱이 전도하는 것이 기독교임이 드러나게 될 때에 성자의 생활을 하는 사람들에게 베풀어지는 전통적인 존경심과 숭배가 분노와 박해로 바뀌기가 쉽다는 데 있었다.

그 후 7년 동안 선다 싱은 바로 이 어려움과 이점을 모두 경험해야 했다. 그는 홍포와 담요, 그리고 신약성서 한 권 외에는 아무것도 소유하지 않고 이곳저곳을 떠돌아다니며, 그의 설교를 듣고 감사를 느끼거나 동정하여 주는 음식을 먹으며 지냈다. 그나마 아무 것도 얻지 못하면 풀뿌리와 나무 잎사귀를 먹었으며, 잠자리를 제공해 주면 받고 제공해 주지 않으면 동굴이나 나무 밑에서 잠을 잤다.

인도 및 그와 이웃해 있는 나라들의 주민들은 주로 촌락에서 살았다. 촌락에서는 새로운 방문객이 나타나면 청중을 끌어 모으기 위해 선전할 필요가 없었다. 그러므로 선다 싱이 전도 사역을 한 것은 바로 그런 촌락에서였다. 그의 첫 번째 전도여행은 그의 출신 지방인 펀잡과 카시미르, 발루치스탄Baluchistan, 그리고 아프가니스탄에 걸친 것이었다. 그는 시믈라Simla에서 55마일 쯤 떨어진, 해발 6천 피트의 히말라야 산맥에 있는 코트가르Kotgarh라는 촌락에서 잠시 휴식을 취하면서 이 여행을 마쳤다. 그는 이 촌락을 전도여행의 본부 내지는 전도여행을 출발하고 끝마치는 장소로 사용하였다.

　1906년 말, 선다 싱은 스토크스S.E.Stokes라는 부유한 미국 신사를 만나게 되는데, 이 사람은 아씨시의 성 프란시스의 인격과 이상에 매료되어 그를 본받아 모든 재산을 다 버리고 인도 선교 사역에 형제애를 심기 위해 노력하고 있었다. 스토크스는 말하기를 "나의 삶을 바꾼 지 몇 주 후에 한 인도 기독교인이 나를 찾아왔다. 그는 시크교에서 회심하여 1년 이상을 기독교의 사두로 전국을 전도 여행했던 사람이었다…내가 일이 생겨서 평지로 내려오게 되었을 때에, 그는 우리 대신 산에 남아서 너무나 열심히 일을 하였기에 모든 사람들이 감화를 받아 놀라움을 금치 못하였다. 아직 소년이었음에도 불구하고 그는 나보다 훨씬 더 훌륭한 일을 하였으며, 주님을 위하여 헐벗음과 굶주림, 추위, 질병뿐만 아니라 옥에 갇히는 것마저도 기뻐하였다."

　촌락에서 전도하는 것과 아울러 그 두 사람은 사바투Sabathu에 있는 나환자 수용소와 라호르Lahore 근교의 전염병 진료소에서 함께 일하였다. 선다 싱 자신의 말로는 비록 그들은 2년 동안 같이 일하였지만 실제로 그가 스토크와 함께 생활한 것은 3개월 밖에 되지 않았다고 한다. 그는 자연스럽게 스토크스로부터 성 프란시스의 이야기를 듣게 되었다.

　선다 싱은 언제나 성 프란시스를 지극히 존경하며 말한다. 이렇게 그의 사역 초기에, 자신의 이상인 "기독교 성인"과 대단히 유사한 종교적

천재들의 삶의 목적과 방법에 감복하게 되면서 영감과 지속적인 영향을 받지 않을 수 없었다. 동시에 우리는 그가 의식적으로 성 프란시스를 모방하려 했다는 생각을 배제해야만 한다. "네 자신이 되어라. 다른 사람을 모방하지 말라." 이것은 선다 싱이 자신의 삶에서 뿐만 아니라 다른 사람에게 충고할 때도 가장 기본이 되는 원리였다. 사실, 선다 싱은 스토크스의 인격과 사역을 대단히 칭찬하면서도 우리에게는 그가 프란시스의 모범을 맹목적으로 모방하려고 하는 것과 그가 새로운 형단의 정식 회원이 되려고 하지 않는 실수를 범하고 있다고 말하였다.

가장 중요한 한 가지 점에 있어서만은, 그는 언제나 성 프란시스의 모범을 따르기를 거부하였다: "성 프란시스는 새로운 종단을 만드는 것이 하나님의 뜻이라고 생각하였다. 그러나 그것은 저에 대한 하나님의 뜻은 아니다." 현명한 것인지 우둔한 것인지는 모르나, 그는 지금까지 그로 하여금 "기독교적 성자 종단"Order of Christian sadhus을 창설하도록 권고해온 사람들에게 작으나마 용기가 되어왔다. 선다 싱의 생각은 그러한 종단들은 대체로 그 창시자가 죽으면 부패하게 되며, 종교적 제도는 필요 이상으로 사람의 손을 필요로 하게 된다는 것이다.

"산에서는 급류가 그 길을 터가며 쉬지 않고 흘러내린다. 그러나 평지에서는 물이 흐르게 하기 위하여 사람들이 고통스럽게 운하를 파야 한다. 그와 같이 하나님과 함께 높은 곳에 거하는 사람들 사이에서는 저절로 성령이 흐르게 되는 반면, 기도하며 하나님과 교제하는 데에 시간을 적게 쓰는 사람들은 고통스럽게 조직체를 만들어야 한다."

선다 싱의 이러한 결심과 조직체에 대한 무관심은―아마도 조직 능력이 없어서일지도 모르나―탁월한 선교적 신비가들이었던 프란시스나 바울과는 즉시 구별되는 점이지만, 그밖에도 다른 많은 점에서 선다 싱은 그들과 일치점을 지니고 있다. 선다 싱은 자기가 낳은 "영적인 하나님의 자녀"들에 대해서는 한 사람 한 사람 깊이 걱정하였으나, "모든 교회를 염려"하지는 않았으며, 전 교회의 위협적인 완고함은 경험해 보지 못하였다. 그는 여러 가지로 십자가를 졌지만, 사랑하는 교회가 율법주의에 빠진다거나 사분오열하는 것, 초기의 단순한 규정에서 벗어나 변절하는 것을 막기 위하여 고뇌하거나 분투하지는 않았다. 그리고 이런 이유로 인하여 그는 바울이나 프란시스와 같이 깊은 통찰에 이르지 못하고 자기 나름의 이상대로 그런 미묘한 길을 택하게 되었을 것이다.

1908년 선다 싱은 첫 번째 티베트 전도여행을 하였는데, 그 때부터 그 나라는 그의 주요 사역지가 되었다. 그가 티베트를 선택한 것은, 아직 그곳까지는 기독교의 전도가 거의 이루어지고 있지 않았기 때문이기도 하였으며—접경지역에 모라비안 선교사들만이 조금 있을 뿐이었다—한편으로 티베트의 개종은 전적으로 인도교회에 부과된 선교적 사명이라고 생각했기 때문이었다. 티베트의 종교는 불교의 변질된 형태이다. 소위 사제들, 혹은 라마Lama는 그들의 사원 덕분으로 국가 행정의 모든 요직들도 장악하고 있기 때문에 자연히 종교상의 혁신에 대해서는 열렬한 반대자가 되었다.

그러나 선다 싱이 이 특별한 지역에 더욱 끌리게 된 것은 그 지역을 전도하는데 수반되는 비상한 고난을 감수해야 하기 때문이었다. 추위와 눈 속에서의 고통 그리고 박해의 확실성과 순교의 가능성은 그의 삶에 두드러지는 그리스도의 고난에 동참하고자 하는 그의 열정을 자극하는 것이었는데, 많은 사람들이 오해하여 그를 금욕주의자로 규정하였다—이것에 대해서는 나중에 살펴보게 될 것이다.

1908년 이래로 그의 계획은, 일 년의 반 이상을 티베트에서 지내고 겨울에는 인도에서 사역하는 것이었다. 한번은 티베트에서 겨울 전도를 시도하였으나 눈이 12피트나 쌓이는 바람에 꼼짝도 못하고 한 집에서 17일이나 보내야 했다. 그 일로 인하여 그는 겨울철 순회 설교여행이 불가능함을 깨닫게 되었다.

1909년과 1910년에는 라호르에 있는 '성 요한 신학교'에서 지냈다. 그 신학교의 한 동료 학생은 그가 그곳에서 어떻게 사두의 생활을 하였는지 기억하고 있다. 그는 전혀 불평을 하지 않았고, 또 비판도 거의 하지 않았으면서도, 확실히 관심사나 사고방식에서 여느 학생들과 조화를 이루지 못하였다. 그 역시 기독교인들이 전반적으로 그들의 이상적인 신앙고백에 미치지 못하고 있음을 진정으로 괴로워하였다. 이 판단은 성자 개인의 숭고한 실천에 비추어 이해되어야지, 특별히 라호르에 있는 기독교인들의 상태를 판단한 것으로 여겨서는 안된다. 교과 과정도 평범한 학생에게는 어울릴지 모르나 그의 기질과 체험에는 거의 호소하는 바가 없었다. 그리고 그는 이 시기에 가장 고상한 종교적 지식은 지식적인 학문을 통해서가 아니라 그리스도와의 직접적인 접촉을 통하여 얻어진다는 확신을 분명히 굳힌 것으로 보인다. 이것을 그가 좋아하는 말로 표현하자면 다음과 같다. "종교는 머리가 아닌 가슴의 문제이다."

그가 『그리스도를 본받아』를 처음 접한 것은 분명히 라호르에서였다. 그는 이후로 그 책을 읽었으며, 그의 『십자가의 철학』 *Philosophy of the Cross*에도 그 흔적을 남겨놓았다. 그는 성서와 자연의 책만이 그가 규칙적으로 읽는 유일한 책들이라고 한다. 사실 그것들은 그가 항상 지니고 다닌 유일한 책들이었다. 그러나 이따금씩 친구들과 함께 지내게 될 때면 다른 책들도 들어 읽곤 하였는데, 특별히 신비가들에 대한 서적들일 경우에 그러하였다. 그는 성 프란시스의 전기도 읽었다—그는 저자와 그 책을 언제 읽었는지는 기억하지 못하였는데, 지엽적인 것으로서 그의 흥미를 끌지는 못했다. 어떤 때는 알-가잘리Al-Ghazzali를 비롯한 수피 신비가들에 대해서도 연구하였다. 그는 이런 방법으로 뵈메Boemhe, 테레사St. Theresa, 십자가의 성 요한St. John of the Cross에 대한 것들을 읽었으며, 스베덴보리Swedenborg, 기욘 부인Madame Guyon에 대해서도 알게 되었다. 우리는 비교적 최근 5년 사이에 그가 그런 책들을 알게 되었으리라고 생각하지만, 그로부터 정확한 시기는 알아내지 못하였다.

  신학교에 있으면서 그는 인도 현악기인 시타르Sitar 연주법을 배우기 시작하였으나, 시간이 너무 많이 들고 성자로 전도여행을 하는 데 가지고 다니기가 어려워 곧 포기했다. 그래서 그는 하나님의 영광을 위하여 훌륭하게 사용해 달라고 부탁하며 그 악기를 한 친구에게 주어버리고 말았다. 음악은 그가 각기 상이한 기분 상태에 있을 때 여러 가지로 감명을 주었다. 그는 너무 많은 일들로 인하여 마음이 짓눌릴 때는 침울해지곤 하였으며, 또 기분이 절정에 달할 때에는 갑자기 감사 찬송을 부르기도 했으나, 음악에 대한 일반적인 그의 태도를 그는 유머 있게 이렇게 말한다. "나는 그저 소음만 일으키는 것 같아서 차라리 노래하지 않는 게 낫겠다."

  그 후 그는 중대한 결단을 하기에 이르렀다. 그는 부제직에 천거를 받아 이미 설교할 자격을 받았으나, 성공회에서 성직을 받으면 다른 교파의 사람들에 대해서는 행동의 제약을 받게 되어 자신의 기독교적 사역의 영역이 제한되는 것을 알고는, 부제직을 받지 않기로 결심하고, 당시 라호르의 주교였던 레프로이Lefroy 주교에게 설교권을 반환하였다. 주교는 선다 싱이 부여받은 특별한 성격의 사역과 보다 넓은 선교영역을 인식하고서, 그의 지혜로운 조치를 전적으로 승인해 주었으며, 계속하여 그와 그의 사역에 아버지와 같이 깊은 관심을 보여주었다.

선다 싱이 옥스포드에 있었을 때, 우리는 그가 설교권을 포기하게 된 정확한 동기가 무엇인지 질문하였다. 그는 "나는 성공회에서 직분을 받게 된다면, 다른 신학교나 기독교 학교에서는 말을 할 수가 있다 하더라도 다른 교회에서는 설교를 할 수 없을 것이라는 말을 들었기 때문이오"라고 대답했다. 이 말로 인하여 기독교의 일치라는 주제로 대화가 옮겨가게 되었는데, 우리는 과연 선다 싱 다운 풍자투의 비평에 주목하게 되었다.

"만일 기독교인들이 여기 이 짧은 인생에서 행복하게 함께 살지 못한다면, 어떻게 영원히 함께 살 수 있는가?"

"하나님의 자녀들은 아주 친근하면서도 또 아주 기묘한 데가 있다. 그들은 대단히 훌륭하지만, 대단히 편협하기도 하다."

"나는 캔터베리의 대주교에게 인도에 고상한 카스트와 천한 카스트가 있는 것처럼, 성공회에는 고교회파와 저교회파가 있다. 그리스도 자신은 그러한 구별을 하지 않으셨을 텐데 말이다."

계속해서 그는 람베트Lambeth의 주교와 나눈 대담을 이야기하며 이렇게 말했다.

"나는 그에게 솔직히 말했다. 나는 지금 성공회에서 설교하고 있으며, 또 조웨트J. H. Jowett 박사로부터 웨스트민스터 성당에서 설교해 달라는 초청을 수락했고, 메트로폴리탄 성막교회Metropolitan Tabernacle에서 설교해 달라는 초청도 이미 수락하였다. 그러자 그 대주교는 미소를 지으며 '그것은 모두 괜찮습니다. 당신에게는 말이죠'라고 대답했다."

자신에 대한 완전한 행동의 자유를 조용히 주장하면서도, 선다 싱은 교회 당국의 그러한 처사에 대해서는 조금도 반대하지 않는다. 대주교가 떠나기 전에, 그를 수행하던 한 고교회 친구의 암시를 받고 선다 싱은 그 앞에 경건히 무릎을 꿇어 축복을 빌어달라고 하였다. 대주교는 그를 다시 보게 되길 바란다고 하였으나 이 문제는 조정되지 않았다. 대주교는 런던의 주교가 사회를 맡은 런던 성직자 모임에 참석하였으며, 그곳에서 선다 싱은 연설을 하였다.

다음 세 가지 일화는, 그 때부터 그가 채택하게 된, 어느 종교 조직체에도 소속되지 않은, 기독교적 성자의 일상적인 "정황"을 암시해 주는 데 충분할 것이다. 첫 번째 일화는 파리의 한 응접실에서 그로부터 직접 들은 것이다.

하루는 어느 마을을 향하여 여행을 하다가, 자기보다 앞서가는 두 사람을 보게 되었다. 그런데 갑자기 한 명이 갑자기 사라져 버렸다. 조금 더 가다가 그는 남아있는 사람을 만나게 되었는데, 그는 홑이불에 덮여 땅에 엎드러져 있는 사람을 가리키며 성자에게 말하기를 이 사람은 자기 친구인데 도중에 죽어버렸다고 하였다: "나는 이곳 지리를 잘 모릅니다. 제발 이 친구를 묻을 수 있도록 돈을 좀 주십시오." 그 때 선다 싱에게는 국경을 통과하기 위한 두 파이스pice와 담요밖에 없었다. 그러나 그는 그것들을 그 사람에게 주고 지나갔다. 그가 아직 멀리 가지 않았을 때 그 사람이 좇아 달려와서는 그 발아래 엎드려 흐느껴 울기 시작하였다. "내 친구가 정말로 죽어버렸습니다." 그는 영문을 몰랐으나, 여행자들의 돈을 뺏기 위하여 그들이 번갈아 가며 죽은 척한 것이라는 말을 듣고는 그 상황을 이해하게 되었다. 그들은 이 일을 여러 해 동안 해왔는데, 그 날은 그 사람이 돌아가 친구를 불렀으나 아무 대답도 없어 옷을 들춰보니 친구가 정말로 죽어있어 공포에 질린 것이었다. 그리고 "오늘은 내가 죽은 사람의 역할을 할 차례가 아니었던 것이 너무나 기쁩니다"라고 하였다. 그 비열한 사람은, 가진 모든 것을 빼앗기고 여기 서 있는 이 사람이 위대한 성인임을 깨닫고는 신들의 노여움을 달래고 용서해 줄 것을 애원하였다. 그러자 선다 싱은 그에게 그리스도를 소개하고 자신이 어떻게 그리스도의 용서를 얻게 되었는지를 말해주었다. 그 사람은 "나를 당신의 제자로 삼아 주십시오"라고 하였으나, 그는 "나도 제자에 불과한 사람인데 어떻게 당신을 제자로 삼을 수가 있겠습니까?"라고 대답하였다. 그러나 그는 그 사람이 잠시 동안 자기와 함께 다닐 수 있도록 허락하였다. 그리고 나중에는 그를 가르왈 근처에 있는 선교기지로 보냈는데, 곧 그는 그곳에서 세례를 받았다.

두번째 이야기는 파커 부인의 초고에서 인용한 것이다.

"토리아 지역에 있는 한 촌락에서는 사람들이 그에게 몹시 못되게 굴었기 때문에 그들에게 전도하는 동안, 그는 언제나 정글 안에서 밤을 지내야 했다. 유난히 어두웠던 어느 날 밤, 그는 낮의 일로 인하여 너무나 지치고 낙담하여 있었다. 성자는 담요를 깔고 잠을 잘 수 있는 동굴을 발견하고는 곳에서 잠을 청하였다. 날이 밝자, 그는 자기 옆에서 아직도 잠을 자고 있는 큰 표범을 한 마리 발견하였다. 그는 공포로 온 몸이 마비되는 것을 느꼈다. 그러나 일단 밖으로 나오자 그는 잠자는 동안 안전하게 보호해 주신 하나님의 섭리를 생각할 수 있었다. 그는 '이 날에, 그 어떤 야수도 결코 내게 해를 입히지 아니하였다'라고 고백했다."

다음 이야기의 출처는 북 인도 기독교 주간지 「누르 아프산」 *Nur*

Afshan지에 서명되어 투고된 편지로, 자히르Zahir가 인용한 내용이기도 하다. 기고자는 산림청에 근무하는 인도 신사이다. 어느 날 그는 산을 내려오다가, 산으로 올라가는 선다 싱을 만나게 되었다. 그가 어떻게 하는지 호기심이 발동한 그는, 어떻게 할까 생각하다가 그에게 말을 거는 대신에 가만히 지켜보기로 하였다. 다음은 그가 목격한 내용이다.

선다 싱은 어느 촌락에 들어가자, 통나무 위에 걸터앉아 땀을 닦고는 찬송을 부르기 시작하였다. 곧 군중들이 모여들었는데, 그들은 그가 그리스도의 사랑에 대해 말하고 있다는 것을 알게 되자 많은 사람들이 분노하기 시작하였다—그 편지를 쓴 사람도 분노하였는데 그는 열렬한 아리아 사마즈Arya Samaj 신봉자였다.
한 사람이 벌떡 일어나 그를 쳐서 땅바닥에 쓰러뜨렸다. 선다 싱의 얼굴과 손이 찢어지고 피가 흘렀다. 그러나 선다 싱은 아무런 말도 없이 일어나 머리의 터번을 고쳐 매고는 얼굴에 피가 흐르는 채로 하나님을 찬양하고 그를 박해하는 사람들을 축복하기 시작하였다. 선다 싱을 쓰러뜨린 크리파 람Kripa Ram이라는 사람은 그 후 얼마 있지 않아 "그 상처받은 손"에 세례를 받기 위하여 오랫동안 열심히 그를 찾아 헤매었으나, 끝내 그를 만나지 못하고 어느 지방 선교사에게 세례를 받게 되었다. 그러나 그는 여전히 언젠가는 그 성자를 만나게 되길 바라고 있다.

이 사건의 증인은 그 일로 인하여 기독교에 대한 그의 태도가 어떻게 완전히 뒤집어지게 되었는가를 상세히 설명하고, 이 신문의 독자들에게 그가 그리스도에 대한 믿음을 공공연하게 고백할 수 있도록(세례를 받음으로써) 그를 위하여 기도해 줄 것을 당부하며 글을 끝맺는다.

완덕을 향하여 (1912-1918)

친구들의 만류에도 불구하고 선다 싱은 나이 스물셋 되던 해에 주님을 모방하여 40일 간의 금식을 시도해 보고자 했다. 그는 하드와 Hardwar와 데라 둔 Dehra Dun 사이의 정글지역에 있는 그늘진 곳을 선택하여, 신약성서에 금식 시작 날짜를 적어놓고, 옆에는 매일 하나씩 던져 시간을 계산하기 위한 사십 개의 돌을 쌓아 놓았다. 금식의 첫 단계에서는 공복空腹으로 인한 극심한 위통이 있었으나 그것도 곧 사라졌다. 금식하는 중에 그는 그리스도를 보았다. 그러나 그가 회심할 때와 같이 두 눈으로 직접 본 것은 아니었다. 지금은 눈이 침침하여 아무것도 볼 수 없었으므로 영적인 환상으로 본 것이다. 그리스도는 못 자국 난 손과 피 흐르는 발, 그리고 빛나는 얼굴을 하고 계셨다. 선다 싱은 금식하는 전 기간을 통하여 그가 기독교인이 된 후로 계속하여 얼마간 있어왔던 평화와 행복이 자기 안에서 현저하게 풍성해지는 것을 느꼈다. 이 느낌은 너무나 강렬한 것이었기에 그는 금식을 포기하고 싶은 유혹을 전혀 느끼지 못하였다. 육체의 힘이 점점 빠져나가면서 사자나 다른 야수들이 울부짖는 것을 보았다. 아니 어쩌면 보았다는 생각이 들었다. 그 울부짖음은 멀리서 들려오는 듯했으나 그 동물은 가까이에 있는 것 같았다. 그 모습보다는 확실히 그 소리가 더욱 공포감을 주는 것이었다. 그리고 그는 이제 몇 날이 지났는지 계산하기 위한 돌마저 옆으로 던질 수 없을 정도로 쇠약해져 있었다. 며칠이 지났는지 알 수 없었다. 두 명의 나무꾼이 그를 발견하고는 그를 담요에 싸서 리시 키시 Rishi Kish로 옮긴 후에, 다시 그를 데라 둔 Dehra Dun으로 옮겼다. 그는 말할 기운은 없었어도 그 때 일어났던 일들을 완전히 의식하고 있었다고 기억한다.

    선다 싱은 그 금식이 그의 영성생활에 지속적인 영향을 주어왔다고 단언한다. 그의 마음속에 남아있던 몇 가지 의문들이 말끔히 사라진 것이었다. 이전에는 가끔씩 그가 느끼는 평화와 기쁨이 어쩐지 "그의 생명 자체의 감추어진 능력"일지 모른다는 생각이 들었다. 그러나 금식하는 동안에, 육체의 힘은 전혀 혹은 거의 없는 상태였으나 그 평화는 상당히 증가하였으며 이전보다 더욱 강해진 것이었다. 마침내 그는, 이 평화는 자연적인 인간의 능력으로 조작되는 것이 아니라 하늘에 내려오는 평화라고 확신하게 되었다. 금식을 통해 얻은 다른 결론은 영은 두뇌와 다르다는 것이다. 그는 육체가 쇠퇴한 뒤에 영은 어떻게 될 것인지 의아해 하곤 하였다. 그러나 금식하는 가운데 육체가 점점 약해질수록 그의 영적인 능력은 더욱 활발하고 기민해지는 것을 느끼고는, 영이란 두뇌와는 전적으로 다른 것임을 생각하게 되었다.

    "두뇌는 영(靈)이 일하는 사무실에 불과하다. 두뇌가 오르간이라고 한다면 영은 그것을 연주하는 연주자와 같은 것이다. 악보를 한두 개 잘못 연주하면 음악이 되지 않을지는 몰라도, 그렇다고 오르간 연주자가 없다는 뜻은 아니다."

그는 금식은 그의 성품에 지속적인 영향을 미쳤다고 한다.

    "내가 40일 금식을 하기 전에는 빈번히 유혹에 휩쓸리곤 하였다―저에 대한 글을 쓰실 때는 나의 약함에 대해서도 쓰셔야 한다―특별히 피곤할 때는 더욱 그러했는데, 사람들이 나에게 말을 걸어오거나 질문을 해오면 화가 나곤 했다. 지금도 여전히 그렇지만 금식하기 전 같진 않다. 사실, 친구들은 그것이 표가 나지 않는다고들 말하지만, 설사 그렇다 하더라도 그것은 여전히 내가 싫어하는 나의 약점이다. 그것으로 인하여 많은 어려움이 있었고 또 의심이 들었지만, 어쩌면 그것은 바울이 말한 바와 같이 나를 겸손케 하기 위한 육체의 가시 같은 것으로서 바울도 그와 같은 어려움이 있었으리라는 생각이 든다. 아니면 육체에 거하기 때문일지도 모른다. 그러나 전 그렇지 않았으면 한다. 금식하기 이전에, 나는 다른 유혹들 때문에도 고통을 당하였다. 굶주림과 갈증으로 고통을 당할 때면, 나는 왜 하나님께서 그것들을 제공해 주지 않으시는지 질문하며 불평하곤 했다. 그 분은 나에게 말씀하시길 돈은 조금도 가지고 다니지 말라 하셨다. 만일 나에게 돈이 있었다면 내가 필요로 하는 것들을 살 수 있었을 것이다. 그러나 금식을 한 이후로, 육체적인 고난이 닥치면 이렇게 말하곤 한다. '이것은 하나님의 뜻이다. 내가 이런 고난을 당할 만한 무슨 일을 한 것이겠지.' 또 금식을 하기 전에는 고생과 함께 사두 생활을 청산하고 호화로운 아버지의 집으로 돌아가 결혼하여 편안하게 살고 싶은 유혹도 느끼곤 했다. 내가 훌륭한 기독교인이 되지 못하는 것이 아닌가? 아버지 집에서도 하나님과 교제하며 살 수 있진 않겠는가? 하는 생각도 들었다. 그러나 그럴 때마다 다른 사람은 편하게 살며 돈과 집을 가지고 살아도 죄가 되지 않지만, 나에 대한 하나님의 소명은 다르다는 것을 알았다. 하나님께서 내게 주신 엑스타시의 은사는 그 어떤 집보다도 나았다. 여기에서 나는 그 무엇과도 비교할 수 없는 놀라운 기쁨을 발견한다. 나는 진정 그리스도와 결혼했다. 다른 사람들에게는 결혼이 좋지 않은 것이라고 말하지 않지만, 만일 내가 이미 그리스도에게 매인 바 된 사람이라면 어떻게 다른 사람과 결혼할 수 있겠는가?"

우리는 그 후로 좀 더 짧은 기간 동안 금식을 한 적이 있는지 그에게 물어 보았다. 그는 "히말라야 산맥에서 한 적이 있다"고 대답했다. "당신은 이런 종류의 금식이 당신의 영성생활에 유익한 점이 있는가?"라는 질문에 대해서는 "영성생활 뿐만 아니라 굶주림과 갈증, 그리고 또 다른 것들에 대해서도 갖가지로 유익한 것을 발견했다"고 대답했다. 사두는 자기에게 고통을 가하기 위하여 금식한 것이 아님을 분명히 말하였다─ 그것은 힌두교 사상이라고 그는 분명히 밝혔다. 그는 그것을 되풀이 할 뜻은 갖고 있지 않을 뿐만 아니라, 모든 기독교인들이 그것을 시도하는 것을 바람직하게 여기지도 않는다. 그러나 그가 금식에 대하여 언급한 여러 가지 말들을 종합하여 결론을 내리자면, 그것은 그의 영적 성장에 있어 '위기'였다고 말할 수 있다. 그렇지 않다면, 우리는 그것을 "조명"의 단계에서 "합일"의 단계로 넘어가는 과도기와 같은, 신비신학의 전문적인 용어로 그것을 묘사했었을 것이다.

그러나 "영혼의 어두운 밤"으로 알려진 중간 단계와 일치하는 사소한 징후들이 있다고 하여 그 두 가지를 유비시킨다면 오판이 될 것이다. 게다가, 바울의 성격 묘사에서 옥중서신을 제외하는 것이 정당하다면, 우리는 그것을 바울유형의 체험에서 요한 유형의 체험으로 넘어가는 과도기라 말할 수 있을 것이다. 그러나 이것도 똑같이 몇 가지 점에서 오판이 될 것이다. 그의 인격은 나름대로 개별적인 궤도를 따라 완덕에 이르렀을 정도로 충분히 독특한 것이었다.

금식 이후의 시기는 그가 극심한 박해를 받은, 특히 티베트에서, 기간으로서 주목할 만하다. 그는 천사의 개입으로 생각되는 놀랄만한 구출사건들을 체험하기도 하였다. 쉽사리 응하려 하지 않았으나 선다 싱은 그가 체험한 사건들 중 가장 인상적인 사건을 옥스포드 퓨지 하우스(Pusey House)에서 열린 한 소모임에서 이야기했다. 우리는 그 이야기를 파커 부인이 기술한 대로 인용하였다.

"라사르Rasar라는 마을에서 체포된 그는 영토 침입과 그리스도의 복음을 전한다는 죄목으로 그 마을의 수장인 라마Lama 앞에서 심문을 받았다. 그는 유죄 판결을 받고, 악독한 사람들에 에워싸여 처형장으로 끌려갔다. 두 가지 사형 방법이 인기가 있었는데, 하나는 사람을 물에 젖은 야크 가죽 속에 넣어 꿰맨 다음 햇볕에 내어놓고 죽을 때까지 고문하는 방법이었고, 다른 하나는 사람을 물이 없는 깊은 우물 속에 던져 넣고 그 위를 단단히 막아 자물쇠를 채워버리는 방법이었다. 두 번째 방법이 성자에게 적용되었다."

"처형장에 도착하자, 그들은 그의 옷을 벗기고는 무시무시하고 캄캄한 납골당 같은 구덩이 속으로 그를 집어던져 버렸다. 이 과정에서 그의 오른 팔은 부상을 입었다. 그 이전에도 많은 사람들이 이 우물 속에 던져져 두 번 다시 밖으로 나가지 못하였는데, 그도 그렇게 죽은 사람들의 뼈와 썩은 시신 위로 내던져진 것이었다. 어떻게 죽어도 이보다는 나을 것 같았다. 손을 뻗는 곳마다 부패하여 썩은 냄새가 나는 살이 만져졌으며, 그 악취로 인하여 질식하여 죽을 것만 같았다. 그는 예수께서 외치신 것처럼 외쳤다. '주여, 어찌하여 나를 버리시나이까?'"

"낮이 지나고 밤이 되었다. 이 무시무시한 곳의 어둠에는 변함이 없었으며 잠을 잔다고 해도 구출될 리가 없었다. 아무것도 먹거나 마시지도 못한 채 시간이 흘러 또 다시 날이 밝고 있었다. 선다 싱은 더 이상 견디지 못할 것 같았다. 셋째 날 밤, 그가 기도하며 하나님께 울부짖고 있는 바로 그 때, 선다 싱은 머리 위에서 삐걱거리는 소리를 들었다. 누군가가 그 참담한 감옥의 자물쇠 채워진 뚜껑을 열고 있었다. 그는 열쇠가 돌아가는 소리와 쇠뚜껑이 철컥거리는 소리를 들었다. 그리고 마침내 뚜껑이 열렸다. 그 때, 우물 꼭대기에서 소리가 들리길, 밧줄을 내려줄테니 그것을 꼭 잡으라 하였다. 이윽고 밧줄이 그에게까지 닿자, 그는 있는 힘을 다하여 그 밧줄을 꽉 움켜쥐었다. 힘 있게 그러나 서서히 그는 그 흉악한 곳으로부터 끌어올려져 드디어 맑은 공기를 맛보게 되었다."

"우물 꼭대기에 도달하자, 그 뚜껑은 다시 덮이고 자물쇠가 다시 채워졌다. 그는 주위를 둘러보았으나 자기를 구해 준 사람은 어느 곳에도 없었다. 그의 팔은 어느새 통증이 가시고, 깨끗한 공기가 그의 몸 가득히 새로운 생명을 채워주었다. 선다 싱이 할 수 있는 일은 그저 놀라운 구출을 감사드리며 하나님을 찬양하는 것이었다. 아침이 되었을 때, 그는 간신히 마을에 도착하여, 다시 전도하기까지 숙소에서 휴식을 취하였다. 그가 다시 마을에 나타나 전도를 하자 큰 소동이 일어났다. 모두가 죽었다고 생각한 사람이 멀쩡하게 다시 전도하고 다닌다는 소식이 라마의 귀에 들어갔다."

"선다 싱은 또 다시 붙잡혀 라마의 법정에 서게 되었다. 그리고 사건 경위에 대한 심문을 받자 그는 자기에게 일어난 불가사의한 구출사건에 대하여 다 말해 주었다. 라마는 누군가가 분명히 열쇠를 훔쳐 그를 구해준 것이 틀림없다며 몹시 분노하였다. 그러나 열쇠가 자기 허리에 매달려 있는 것을 발견하고는 경악과 공포로 입을 다물지 못하였다. 그러자 라마는 성자의 강한 신이 그와 그의 마을에 엄청난 재난을 몰고 오지 못하도록 성자에게 마을을 떠나 가능한 한 멀리 사라지라고 명령하였다."

이 시기에 대중적인 상상력을 자극하는 두 가지 사건이 있었다.

선다 싱은 회원이 2만 3천 명이나 되며, 통상 "비밀 산야시 선교회" Secret Sannyasi Mission 라는 기독교 형제단 Christian Brotherhood 의 존재를 알게 되었다. 그들은 별로 가치 있다거나 소중하다고는 할 수 없지만, 진정

기독교적이고 기묘한 비밀 교리와 전통을 지니고 있는 것으로 보인다. 선다 싱은 그들과 함께, 모든 기독교 종파들에서 그러한 것처럼 일치감과 형제애를 느끼며 교제하였다. 그러나 선다 싱은 그들에게 그 존재를 숨기지 말고 드러낼 것을 권고하였는데, 그에게는 그리스도를 고백하는 용기와 그를 증거해야 할 의무가 진정한 기독교의 본질적인 정신들이었다.

나중에, 그는 해발 13,000피트의 히말라야 산맥 카일라스Kailash 산의 어느 동굴에서 나이 많은 현자賢者 혹은 은자隱者—"카일라스의 마하리시"Maharishi of Kailash을 만났다. 그 현자는 성자에게 불가사의한 그의 나이와 놀라운 능력, 체험담을 들려주었으며, 일련의 묵시적인 환상도 보여 주었다. 선다 싱은 확실히 이 놀라운 인물의 인격과 이야기에 깊은 감명을 받았는데, 그 후로도 한 번 이상 더 그를 방문하기도 하여 인도에서 그가 보고 들은 것을 많은 사람들에게 전해주었다. 그러나 불행하게도, 대중들의 관심은 이상하게 그 이야기의 기괴한 요소에 더욱 끌려 이 재미있는 은자에 관심을 집중하여 최근에는 빈번히 그와 그의 계시에 대한 질문을 성자에게 쏟아 부음으로써 성자를 당황하게 하였다.

그는 옥스포드에서 다음과 같이 말하였다.

> "사람들은 이 사건에 대하여 너무 많은 관심을 쏟는 것 같다. 마하리시는 기도의 사람이며, 나는 그를 대단히 존경하지만, 나의 일은 그 현인을 전하는 것이 아니라 그리스도를 전하는 것이다."

우리는 지금까지 선다 싱의 생애 중 그가 완덕에 이른 시기에 대하여 말하였다. 그러므로 그의 내면적 삶의 세 가지 탁월한 특징들을 살펴보는 것이 좋을 것이다. 그것들은, 고통에 대한 그의 특징적인 태도라 할 수 있는 "십자가의 철학"Philosophy of the Cross, 그리스도의 현존에 대한 신비적 체험에 속하는 "형용할 수 없는 평화", 그리고 "엑스타시의 시간"이다. 이것들은 금식하기 전에도 있었으며 분명한 것이었으나, 지금은 그 깊이가 심오해졌고 또 지속적이게 된 것들이다.

스토크스Stokes는 말하길, 이미 1906년 가을에 그는 발열과 함께 격렬한 위통으로 고통을 당하던 성자를 간호하면서 그가 "주님을 위하여 당하는 고통이 얼마나 감미로운지요!"라며 작은 목소리로 중얼거리는 것을 들었다고 한다. 고통을 하나의 특권으로 여기는 생각은 바울에게 있어서와 같이 성자에게도 기본적인 것이었는데, 그것은 고통을 당하는 만큼 그리스도의 체험을 나누는 기회가 생기는 것이며 주님의 일에 도움이 된다는 것이다. 그가 그리스도를 위하여 고통 받기를 문자 그대로 '즐거워 한다'는 것은 의심의 여지가 없다. 이러한 이유로 많은 사람들이 그를 금욕주의자로 묘사하였다. 그러나 나중에 보게 되겠지만, 그는 통상적으로 이해하고 있는 금욕주의 사상을 단호하게 거부한다. 그가 사랑하는 것은, 자신의 유익이 아니라 그리스도와 그의 일을 위하여 당하는 고통이다.

"천상천하 어디에도 십자가와 같은 것은 없다. 하나님께서 사람에 대한 그의 사랑을 나타내신 것은 십자가를 통해서였다. 십자가가 없었다면, 우리는 하늘에 계신 아버지의 사랑을 알지 못했을 것이 틀림없다. 이러한 이유로 하나님은 그의 모든 자녀들이 무겁지만 감미로운 십자가의 짐을 지길 원하신다. 왜냐하면, 오직 이것을 통해서만 하나님께 대한 우리의 사랑과 우리에 대한 하나님의 사랑이 다른 사람들에게 나타나기 때문이다."

"지상의 삶이 끝나면 우리는 다시 이 세상에 태어날 수 없기에, 십자가를 질 기회를 우리는 두 번 다시 갖지 못하게 될 것이다. 그러기에 '지금'이 기쁘게 십자가를 져야 할 때이다. 이 감미로운 짐을 질 기회가 우리에겐 두 번 다시 없을 것이다."

"나의 선택은 청빈과 단순함으로 일하는 것이다. 대주교의 자리를 준다 해도 나는 사양할 것이다."

둘째로, 우리는 그가 "지상의 천국"이라 부른, 형언할 수 없는 평화에 주목해야만 한다. 그것은 위안, 동행 그리고 능력으로서의 그리스도의 현존에 대한 그의 변함없는 의식으로부터 흘러나오는 것이다. 오직 이것으로 인하여 그의 십자가의 철학은 실제적인 일상생활로 옮겨지는 것이 가능하다. 우리는 이것을 "신비가의 평화"를 다룬 장에서 고찰, 논의하게 될 것이다. 여기서는 이 체험이 특별히 그가 격심한 고통과 박해를 받을 때에 강렬했다는 그의 증언을 기록하는 것으로 그치려 한다. 그는 말하기를, 자신이 티베트의 마른 우물 속에서 죽음을 기다리고 있을 때, 하루 종일 음식이나 물을 마시지 못할 때, 손발이 결박당했을 때, 그리고 알몸이 된 그에게 거머리들이 달라붙어 피를 빨아먹을 때와 같은 경우에 그 평화가 더욱 강렬해졌다고 회상하였다.

마지막으로, 엑스타시의 시간인데 이것은 금식을 한 이후로 더욱 빈번히 경험하였으며 그 내용도 더욱 풍성해졌다. 그가 믿는 바로는, 이 엑스타시 동안 그는 사도 바울과 같이 삼층천에 올라가 말할 수 없는 것들을 보고 들으며, 이것으로부터 그는 영적인 위안과 조명만이 아니라 육체의 원기와 힘을 회복하게 된다. 이 후 본서의 두 장에서는 이 엑스타시의 본질과 가치에 대하여 다루었다. 사두는 이렇게 말했다.

"기독교인의 삶에 따르는 기도의 생활과 내적 평화는 대부분 기아와 고난뿐만 아니라 질병에 대한 저항력도 길러준다고 나는 믿고 있다.

그런데 신비가들 중에 어떤 사람들은 그들의 육체적인 건강으로 상당한 고통을 당했다는 것을 듣고는 매우 놀랐다."

이와 관련하여 스토크스의 경험은 인용할 만한 가치가 있다.

"내가 인도에 가기 전에는 그리 건강하지 못했다. 사실, 내가 평상적인 상태에서나마 인도의 기후를 견뎌낼 지조차 의문이었다. 인도에 와서도 이 일을 시작하기 전에는 오히려 건강이 더욱 악화되어 장티푸스를 심하게 앓았다. 의사들은 향에 돌아가지 않으면 14개월 안에 죽을 것이라고 경고했다. 그러나 그 일을 그만둘 수는 없다고 생각하여 그대로 남아있었는데, 나는 지금도 살아 있으며 건강도 매우 좋아졌다. 사실 사람들이 어떤 일을 시도해 보지도 않고서 불가능하다고 결론내리는 경향이 있다. 사람은 자신의 의지와 상반된 고통을 받으면 급속히 그 육체가 파괴되지만, 자신의 자유의지로 이상에 따라 기꺼이 고통을 받는다면 그의 인내력에는 한계가 없는 것 같다. 이것이 내가 선다 싱 형제와 힌두교의 수행자들에게서 알게 된 것이며, 내 자신의 경험을 통해서도 알게 된 것이다. 이상을 좇아 살 때에 그에 수반되는 고통은 특권이 되는 것이다. 집에서는 의사가 규정식단을 정해주지만, 수도자로서의 나는 인도사람들조차 꺼리는 음식을 먹기도 했다. 인간의 힘은 하나님이 그에게 맡기신 일과 또 그 일에 매진하는 그의 목적, 열심에 비례하는 것이다."

세계적인 명성을 얻다 (1918-1920)

1918년 초 선다 싱의 마드라스 방문은 그의 생애에 있어, 익명의 신분에서 세계적인 명성을 얻는 사람으로 변하는 신기원을 이룩하게 된다.

인도 북부지역에서의 그의 활동에 대한 명성이 그보다 앞서 먼저 인도 남부로 퍼져나갔다. 수천 명의 사람들이 그의 말을 듣기 위해 몰려들었다. 그가 가는 곳마다 기독교인들 사이에서는 영적 각성의 물결이 일어났다. 비 기독교인들도 감화를 받았는데, 한 곳에서만 19명이나 회심하였다.

이와 관련하여 우리는 선다 싱이 회심자들에게 세례주기를 거절한 사실에 주목하게 된다. 그는 언제나 그들을 일정한 지역에서 사역하고 있는 특정한 교파의 정식적인 교역자들에게 보냈다. 그의 부친도 이 때 쯤 기독교인이 되기로 결심하였다. 그는 "네가 나의 영안을 뜨게 했으니, 네가 나에게 세례를 주어야 한다"고 했으나, 선다 싱은 "만일 내가 아버님께 세례를 준다면, 다른 수백 명의 사람들도 내가 세례를 주어야 합니다. 나의 일은 세례를 주는 것이 아니라 복음을 전하는 것입니다"라고 대답했다.

의심할 나위 없이, 선다 싱은 세례를 받기 위해서는 훌륭한 설교 이상의 교육과정을 받는 것이 바람직하다는 것을 인식하고 있으며, 또한 보통 회심자가 조만간 이전의 상태로 되돌아가지 않게 하기 위해서는 특정한 기독교 공동체에 직접 가입해야 할 필요성이 있음을 알고 있다. 그러나 그가 직접 세례식을 베풀기를 거절한 이유는, 적어도 부분적으로는, 무지한 회심자가 어느 특별한 효력이 그 개인의 행동에서 나오는 것으로 생각할 수 있겠다는 충분한 근거에서였으리라. 힌두교도들은 쉽사리 "성인"에게는 초자연적인 능력이 있다고 믿어, 그의 저주를 두려워하고 그가 가지고 있는 능력으로서의 축복을 간구한다. 그 자신에게 능력이 있는 것으로 여기는 그런 명성을 선다 싱은 피하려고 한다.

우리는 그에게 영적 치유를 해 본 적이 있는지 물어 보았는데 그는 이렇게 대답하였다.

"물론이다. 그러나 그것은 사람들로 하여금 그리스도가 아니라 나를 바라보게 하기에 그만두었다. 그리고 그것은 내가 질 수 없는 십자가이다. 실론에서 어느 기독교인 신자의 아들이 죽어가고 있었는데, 의사들은 그에게 가망이 없다고 하였다. 그의 어머니는 나에게 와서 안수기도를 해 달라고 간청하였다. 나는 '이 손에는 아무런 능력이 없다. 능력은 오직 그리스도의 못 박히신 손에 있는 것이다'라고 말해 주었다. 마침내 나는 승낙하고 병원으로 가서 그를 위해 기도한 다음 그의 머리에 내 손을 얹었다. 삼 일 후, 내가 설교하던 한 모임에서 나는 그 아이가 어머니와 함께 뒷자리에 앉아 있는 것을 보았다. 그 때, 그 아이를 치유한 것은 내 개인의 능력이 아니라 기도에 응답하신 그리스도의 능력이었다는 것을 내가 아무리 강조해도, 끝내 사람들은 내가 기적을 행하는 사람인 양 우러러 본다는 사실을 알게 되었다. 그 이후로, 나는 영적 치유가 미신을 조장하고 사람들의 관심을 내가 전해야만 하는 복음에서 벗어나 미혹케 하는 것이기에 두 번 다시 사용해선 안 되겠다는 것을 알았다."

나쁜 결과를 만들어 내는, 순전히 개인적인 평판에 대한 선다 싱의 민감성은 어느 여선교사가 우리에게 전해 준 사실에서 더욱 분명히 알 수가 있다. 첫 번째 실례는, 그 여선교사가 사역했던 인도 북부지역의 한 도시를 그가 방문했을 때 있었던 일이다. 그는 설교를 하면서 개인적으로 그가 강조하고자 하는 내용의 실례로서 그가 체험한 놀라운, 초자연적인 구출 사건을 가끔 이야기하였다. 그러자 그 지역의 인도 기독교인들은 수주일 동안이나 그 이야기 외에는 아무것도 말하지 않았다. 3,4년 후, 다시 그 도시를 방문한 그는 이번에는 그런 이야기를 조금도 언급하지 않았다.

그는 인도 남부와 실론을 두루 전도여행을 하면서, 말레이 연방국가인 버마와 중국, 일본 등을 방문한 후에, 티베트 선교 사역을 하면서 여름을 지내기 위해 돌아왔다.

1920년 1월, 그는 배를 타고 영국으로 향하였다. 그의 소원은 팔레스틴을 방문하는 것이었으나 여권을 얻을 수가 없었다. 그러나 그는 영국에서 돌아오는 길에 방문할 수 있으리라는 희망을 안고 인도를 떠났다. 그해 5월에 그는 영국을 떠나 미국으로 갔다. 그는 영국으로 돌아오는 길에 스웨덴과 프랑스, 그리고 스위스를 방문해 달라는 초청을 받았으나, 결국 호주의 초청을 받아들였으며, 그 후 곧장 인도로 되돌아왔다.

이곳저곳으로 여행할 때 그가 세운 원칙은, 필요한 것은 하나님께서 공급해 주시리라 믿으며, 돈이나 내일을 위한 물품을 휴대하지 않는 것이라 하겠는데, 그는 아직도 이것을 철저하게 고수하고 있다. 그는 "성자의 이상"Sadhu-Ideal이 서구에서나 가능한 것이 아닌가 하는 의문을 제기하는 사람에게 "하나님은 동양에서나 서양에서나 동일한 분이십니다"라고 대답한다. 그리고 사실상 그는 아무런 어려움도 겪지 않았다. 그가 영국으로 가는 배 삯은 그의 아버지가 지불하였다. 그는 이미 언급하였듯이 최근에 아들과 화해를 하였다. 그리고 영국과 미국에서는 자연히 친구들이 그처럼 훌륭한 명사를 환대하는 데 별 어려움을 느끼지 않았다. 역에서 그를 전송하는 사람들은 그에게 다음 목적지까지의 표를 건네주었다. 그가 미국으로 가는 데 드는 많은 비용은 친구들이 모금하여 주었다.

서구를 방문함에 있어서 선다 싱은 몇 가지 목적을 가지고 있었다. 그는, 서구는 비도덕적이며 기독교는 더 이상 그들의 삶에 영향력을 행사하지 못하고 있다는, 인도에서 비 기독교인들을 통해 들은 말들을 스스로 확인해 보고 싶었다. 그는 그곳에서 "믿음이 독실한 사람들"과 대화를 나누고 싶었다. 그리고 그는 그곳에서도 그리스도의 능력을 증거하기 위하여 자신이 부름 받았음을 느꼈다.

방문은 매우 가치가 있었다. 선교회의 후원자들은 지난 동안 바친 기도와 수고에 대한 하나님의 축복의 명백한 증거를 그에게서 보게 됨으로써 더욱 용기 백배 하였다. 많은 사람들이 그의 신선하고 생명력 있는 기독교의 제시를 듣는 가운데 영감을 얻었으며, 적지 않은 사람들이 그와의 개인적인 만남을 그들 삶의 전환점으로 생각하고 있다. 아마도 그의 사고를 확장시키고 경험을 넓히는 계기가 되었을 서구 방문의 성과는 적지 않았을 것이며, 앞으로 인도 기독교의 발전에 미칠 영향 또한 클 것으로 생각된다.

서구 도시 속의 홍포와 터번은 너무나도 선연했다. 그러나 그는 어느 곳에 있던지 사람들의 주의를 끄는 인물이다. 꼿꼿하며, 중간 정도의 키에, 검은 머리와 턱수염, 엷은 올리브 빛 피부, 침착한 거동과 풍채, 그리고 확고하며 온화한 위엄 있는 걸음걸이 등은 홍포와 터번, 혹은 그 모든 것을 떠나서라도 "마치 그가 성서 속에서 성큼 걸어 나온 듯이" 보이게 한다.

한번은 이런 일이 있었다. 어떤 집을 방문하게 되었는데, 시골에서 갓 올라온 한 귀여운 하녀가 문을 열어 주었다. 그가 "사두 선다 싱입니다"라고 이름을 대자, 그녀는 안주인에게로 달려가 "마님, 누가 찾아오셨어요. 이름은 잘 모르겠지만 예수 그리스도를 닮았어요."라고 하였다.

내성적인 성격의 그는 가끔씩 공공장소에 나타날 때는 사람들의 눈을 피하기 위하여 홍포 위에 비옷을 입는다. 그리고 가능하면 버스나 복잡한 기차를 피하고 걸어서 다니거나, 필요에 따라선 모자를 쓰고 다닌다. 그럼에도 불구하고, 그는 언제나 대부분은 그와 그의 복장을 사람들이 쳐다 보는 길로 다닌다. 그는 소란스럽게 떠드는 큰 소리에 결코 당황하지 않고 때로는 길거리에서 아이들에게 친절하게 대하기도 한다.

버밍엄에서는 캐드베리Cadbury의 초콜릿 공장을 시찰했다. 나중에, 공장을 구경한 소감을 묻는 질문에 대해 이렇게 말했다. "즐겁게 보았습니다. 그러나 공장에서 일하는 사람들은 나를 보면서 더 즐거워하는 것 같더군요." 그러자 한 친구가 "그렇다면 그들에게 요금을 받았어야 하는 건데"라며 끼어들었다. 선다 싱은 웃으면서 "그렇죠, 그런데 그 때 사람들이 초콜릿을 너무 많이 주어서 저녁을 먹을 수가 없군요"라고 말했다. 이처럼 그는 우스게 소리를 하곤 한다. 또한 그는 중세의 성인들처럼 때때로 전통적인 경의를 무시해 버리곤 한다. 에펠탑 삼층에 올라서자 그는 한 마디 하였다. "당신들은 이제 삼층천에 다녀왔다고 말할 수 있게 되었습니다. 사도 바울처럼 말이죠."

성자를 식사에 초대하는 사람들은 혹시 그가 금기시하는 하는 음식이 있는지 물어보곤 한다. 그에게는 그런 것이 없다. "아무 때나 아무 것이든 먹습니다." 이것이 그가 재차 말하는 그의 원칙이다. 그는 잘 차려진 정찬이나 아주 소박한 음식이나 언제든지 먹을 준비가 되어 있다. 또 필요한 경우에는 금식도 한다. 그리고 커피나 사탕 같은 것도 쓸 데 없는 것이라고 생각하지 않는다.

그의 옷이 얇아서 영국의 기후에 오한을 느낄 것을 염려하는 사람들에게 그는 "영국은 나에게 별로 춥지 않습니다"라고 말하였다. 그는 티베트의 극심한 추위를 경험해 보았다. 언젠가 그는 심지어 샌달도 신지 않을 때가 있다고 하였으나―그는 인도에선 신발을 신지 않는다―영국에서는 그가 맨발로 다니면 부인들이 카펫이 더러워지는 것을 싫어하는 것 같아 신을 신는 게 좋겠다는 친구의 권고를 받아들였다고 했다. 그래서 그는 적절하게 길거리에서는 신발을 신고, 보통 때 방에 들어갈 때는 동양의 풍습대로 신발을 벗었다.

친구에게 다정하며, 모든 사람들에게 친절하고 사려가 깊으며, 동물을 사랑하는 사람이었다. 그는 만나는 모든 사람들에게 평화와 온유, 자애로움의 화신이란 인상을 주었다.

런던이나 뉴욕에서 갑자기 깨어보니 자신이 "스타"가 되어 있더라는 사실을 경험한다는 것은, 서구 문명을 잘 아는 사람들조차도 쉽게 타락하여 그 사실에 따르는 대중들의 열광 정도에 따라 올바른 가치를 무시하거나 또 그것을 올바른 가치로 생각하게 될 수가 있다. 적잖은 선다 싱의 독지가들도 자연히, 흔한 말로 하자면 그가 "타락할지도" 모른다는 염려를 하였다. 우리가 믿는 바로는 전혀 쓸 데 없는 생각이다.

세상의 적대감보다는 교회의 부추김이 더욱 견디기 어려운 것일지도 모른다. 그러나 선다 싱은 인간에 대해 잘 알고 있다.

> "우리는 두 눈을 그리스도에게 고정시키고, 두 귀를 막고, 그리스도를 좇아야 한다. 왜냐하면 우리는 한편으로 우리를 교만케 하는 아첨의 말을 들을 수 있으며, 다른 한편으로는 우리를 낙담케 하는 비난과 중상의 말을 들을 수 있기 때문이다."

그는 휘겔에게 이런 말을 하였다. "사람들은 나의 결점에 대해서는 글을 쓰지 않습니다. 그러면 고칠 수 있을 텐데 말입니다." 한번은, 그가 있는 자리에서 파커 부인이 쓴 그의 전기가 시판되고 있는 사실에 대해 언급하자 그는 이렇게 말했다. "사람이 살아있는 동안에 그에 대한 전기를 쓴다는 것은 좋지 않습니다." 사실 이 책은, 또 하나의 전기가 아니라,

그의 메시지를 서구 사람들에게 설명해 주어 그의 설교를 보다 철저히 이해하도록 도움을 주기 위한 것이라는 분명한 조건과, 그 작업에 필요한 자료 제공을 그가 동의한다는 조건으로 이루어졌다.

서구 도시의 혼잡스럽고 아우성치는 삶은 야외의 자연과 관상의 삶을 사랑하는 그에게 있어 체질적으로 거슬리며 피곤한 것임이 분명하다. 인도에서도 그는 큰 도시를 싫어했다. 그는 그런 곳에서는 악령의 세력이 유난히 강하다는 것을 항상 느꼈다.

"큰 도심 속으로 들어가는 것은 언제나 나의 소망과는 상반된 것이다. 그래서 나는 억지로 도시에 들어가게 된다. 그러나 언젠가 엑스타시 중에 현재의 삶이 이 세상에서 내가 다른 사람들을 도와줄 수 있는 유일한 기회라는 말을 들었다. 그것은 천사들도 허락받지 못하는 특권이다. 여기서의 봉사는 아주 짧은 순간이지만, 우리는 천국을 영원히 갖게 될 것이다. 그러므로 이 유일한 기회를 허비해서는 안 된다. 나는 은자들이 왜 동굴이나 산 속에서 살기를 더 좋아하는지 안다. 내 자신도 그것을 더욱 좋아한다."

옥스포드에서 식사를 하면서, 한 사람이 단도직입적으로 영국의 기독교와 영국 사람들의 생활에 대하여 어떻게 생각하느냐고 그에게 질문하였다. 그는 동석한 사람들에게 무례하게 그의 의견을 분명히 말하기 어렵다는 것을 알고는, 아직은 충분히 보지 못했기에 뭐라고 말할 순 없지만 영혼의 평화로서의 종교의 진면목을 거의 찾아볼 수 없는 것 같다고 말하였다. "정적quiet과 명상meditation이 없이는 영적인 것들을 분별할 수가 없습니다." 그리고 그는 아주 자연스럽게 하나님의 평화와 영국 사람들의 생활에 그것이 부족한 것에 대하여 말하기 시작하였다. 그 말을 듣는 사람들은 아무도 그것을 가볍게 흘려버리지 않았다.

그는 인도의 한 친구에게 보낸 편지에서 보다 숨김없이 진술하고 있다.

"양말이나 구두도 신지 않은 나의 간소한 의상을 보고 많은 사람들이 놀란다네. 그러나 그들에게 나는 단순함을 좋아하며 어디를 가든지 내가 인도에서 사는 그대로 살길 원한다고 말했지. 카멜레온처럼 몸의 색깔을 바꾸지 않고 말일세. 영국에 온 지 두 주 밖에 되지 않아서 뭐라 확신 있게 말할 순 없지만, 마치 안개와 먼지 때문에 태양을 거의 볼 수가 없는 것처럼 물질주의의 안개와 먼지 때문에 '의의 태양'이 거의 언제나 가려져 있는 것처럼 느껴진다네. 많은 사람들, 특히 집회에서 하나님의 은총을 입은 사람들은 나에게 더 많은 인도 선교사들이 필요하다고 말한다네."

한편, 그는 또 어떤 인도 친구에게 영국 사람들이 물질주의적임에도 불구하고, 그는 영적인 사람들을 많이 발견하게 되었다고 말했다. 그리고 그는 인도는 더 이상 서구 선교사들에게서 배울 것이 없다는 주장에 반대함을 분명히 하였다. 사실 그는 선교적 관심과 활동을 서구 기독교의 가장 큰 활력으로 간주하였다.

미국에서는 서구에 대한 이런 양면적인 인상이 더욱 깊어진 것으로 보인다—적어도 그는 공식적으로 보다 분명하게 언급하였다: "그리스도께서는 이곳에서 '황금의 무거운 짐진 자들아 다 내게로 오라. 내가 너희를 쉬게 하리라'고 말씀하실 것입니다." "하나님의 백성은 세계 도처에 존재하고 있습니다. 그러므로 하나님께서는 서구에도 그의 증인들을 가지고 계십니다."

그는 미국에서도 영국에서와 같이 어디를 가든 열렬한 환영을 받았다. 그리고 경험이 생겨 많은 청중들 앞에서 영어로 강연하는 데도 어려움을 덜 느끼게 되었다. 그는 환영에 고마움을 느끼면서 친교를 맺고, 그의 메시지가 헛되지 않았음을 확신하였다. 그러나 그와 절친한 사람들은, 그가 서구에서는 행복을 느끼지 못하고 있으며 날이 갈수록 히말라야의 정적과 꾸밈없는 단순함의 성자 생활로 돌아가려는 그의 갈망이 커지고 있음을 알고 있었다.

제2장
신비가의 신조

그리스도 중심의 신비주의

사도 바울이 세계의 위대한 신비가들 중 한 사람이라는 사실은 이미 주지의 사실이다. 그러나 '절대자'나 '무한의 실재'와의 합일을 열망하는 사람들과는 달리, 그의 신비주의는 그리스도를 중심으로 한 것이다. 선다 싱의 신비주의도 마찬가지이다. 모든 환상의 엑스타시에서 그리스도는 중심적인 위치를 차지하고 있다. 일상생활을 하는 가운데 그가 친구들에게 그리스도를 말할 때면, 그의 눈은 사랑의 빛을 뿜어내며, 그의 얼굴은 여인이 절정의 순간에 사랑하는 이의 얼굴을 보며 그러하듯이 변한다. 그를 보면 왜 그리스도인을 "그리스도와 사랑에 빠진 사람"이라고 정의하는지 알게 된다.

일단 그의 신비주의에서 그리스도 중심의 특성을 파악하기만 하면, 그의 가르침과 인격, 그리고 그의 생애 전 과정을 이해하는 열쇠를 쥐게 된다. 영원하신 그리스도 안에서 발견되며, 또한 그리스도 자신으로 파악되는 신적 존재는 '절대적인 실재'에 대한 상상이 별로 구체적이지 못하고 비인격적인 신비가들에게는 불가능한, 열정과 헌신을 그에게서 이끌어 낸다. 한적한 산 속 동굴에서 관상의 삶을 사는 것이 그의 개인적인 천성임에도 불구하고, 바로 이것으로 인해 그는 선교사가 된 것이다. 그리고 그리스도의 사랑이 그를 강권한다: "네가 이 사람들보다 나를 더 사랑하느냐…내 양을 먹이라."

이러한 이유로 그는 가끔, 종교란 머리의 일이 아니라 가슴의 일이며, 형이상학적인 이해가 아니라 인격적인 헌신이다, 실재에 대한 이상이 아니라 구원자에 대한 사랑이라고 주장하는 것이다. 또한 주로 이런 이유로 인하여, 우리는 감히 성자를 아는 사람은 위대한 두 신비가 곧 성 프란시스와 사도바울의 내면적 삶을 더욱 잘 이해할 수 있으리라 단언하는 것이다.

우리는, 그에게 서구 사상과 문명을 상징하는 것으로 비친 유명한 도시인 런던, 옥스포드, 파리 등을 그가 직접 목격하고 말한 내용을 그대로 옮기고자 한다. 이것은 그가 특별히 하고 싶은 말을 서구잡지에 투고한 것인데, 우리가 그의 모국어로 이것을 읽을 수 있다면 산문체의 송가로 읽을 수 있을 것이다.

"그리스도는 나의 구주이시다. 그는 내 생명이시다. 그는 천국에서나 이 땅에서나 내 모든 것이 되신다. 언젠가 사막을 여행하면서 나는 지치고 목이 말랐다. 모래언덕에 올라서서 나는 물을 찾았다. 멀리 호수의 모습이 보였기에 나는 목을 축일 수 있다는 희망으로 무척이나 기뻤다. 오랫동안 호수를 향하여 걸었으나 나는 그곳에 도착할 수 없었다. 나중에서야 나는 그것이 단지 태양빛의 굴절로 인해 생긴 신기루라는 것을 알게 되었다. 실제로, 거기에는 아무것도 없었다. 마찬가지로,

나는 생명수를 찾아 세상을 돌아다니고 있었다. 그러나 나는 내 마음의 갈증을 적셔줄 물 한 모금도 발견하지 못했다. 내가 갈증으로 인해 죽어가고 있을 때, 영안이 열리며 나는 그분의 창에 찔린 옆구리에서 흘러나오는 생명수의 강을 보았다. 나는 그것을 마시고 만족하게 되었으며, 더 이상의 갈증도 없게 되었다. 그 후로, 나는 언제나 그 생명수를 마셔왔으며, 이 세상의 모래사막에서 갈증을 느끼지도 않게 되었다. 나의 마음은 찬양이 넘쳐나고 있다."

"그의 현존은 나에게 모든 이해를 초월하는 평화를 주며, 나는 어떠한 상황에 처하든지 문내가 되지 않다. 박해를 받는 가운데서도 나는 평화와 기쁨과 행복을 발견하였다. 그 무엇도 내가 구주안에서 발견한 기쁨을 앗아갈 수 없다. 집에 있으면 그분도 거기 계시고, 감옥에 갇혀 있으면 그분도 거기 계신다. 그분 안에서는 감옥도 천국으로 변하였으며, 십자가도 축복의 원천으로 향하는 것이었다. 그분을 따르며 그의 십자가를 지는 것은 그처럼 감미롭고 값진 것이기에, 만일 천국에서 내가 질 십자가를 발견하지 못한다면 나는 그에게 간청하여 그의 선교사로 나를 보내달라고 할 것이며, 지옥에 가야 하는 일일지라도 최소한 그의 십자가를 질 기회만 있다면 그렇게 할 것이다. 그의 현존은 지옥마저도 천국으로 바꿔놓을 것이다. 벙어리가 사탕의 달콤함을 표현할 수 없듯이, 구원함을 얻은 죄인도 마음속에 있는 그의 현존의 달콤함을 표현할 수 없다. 이 천국의 평화는 오직 천국의 언어로만 적절히 표현될 수 있다. 비록 내가 이 세상의 위험과 유혹, 죄와 슬픔 속에 빠져 있다 할지라도, 나에게 자기 생명을 주신 그분을 통하여 나는 구원을 받는다. 물고기가 물이 짠 바다에 살면서도 결코 짜지 않은 것은, 생명을 가졌기 때문이다. 우리도 그 분의 생명을 받으면, 이 세상에 사나 이 세상에 속한 것이 아니다. 이 땅에서 만이 아니라 천국에서도, 우리 자신은 그분 안에 있음을 알게 될 것이다."

"지금 나는 부나 지위, 혹은 명예를 바라지 않는 다. 심지어 천국도 바라지 않는다. 오직 나는 내 마음을 천국으로 만들어 주신 그분만을 필요로 한다. 그의 무한한 사랑이 다른 모든 것에 대한 사랑을 쫓아 버렸다. 많은 기독교인들에게 있어서 그리스도는 단지 그들의 머리나 성서 속에만 살아있고 가슴 속에는 살아있지 않기 때문에, 그들은 그분의 값진, 생명을 주는 현존을 깨닫지 못한다. 오직 자신의 마음을 주어야만 그분을 알게 될 것이다. 마음은 왕 중 왕을 위한 보좌이다. 천국의 수도는 그 왕이 통치하시는 마음이다."

이처럼 말하고 느낄 수 있는 사람은, 분명히 주도면밀하게 생각해 낸 조직신학의 형이상학적인 개념들을 필요로 하지 않을 것이다. 더구나 그는 회화적으로 생각을 한다. 그에게 있어 비유나 예화는 단지 논증의 수단에 그치는 것이 아니라, 때때로 논증 그 자체이기도 하다. 그는 일반 원칙을 말하고 나서 예화로 그것을 보강하는 식으로 말하지 않는다. 그는 먼저 예화를 말하고 나서 그것에 함축되어 있는 일반 원리들을 이끌어 낼 뿐만 아니라 나중에 그 일반 원리들을 종합하려고도 하지 않는다. 그의 예화는 생생하고 인상적이다. 그러나 비록 예화들이 지니고 있는 사상에 그 자체의 내적 통일성이 있긴 하지만, 그는 예화를 체계적으로 조리 있게 제시하려 하지 않는다. 그리고 선다 싱의 교훈에 그러한 통일성이 있는 것은, 그가 체계를 세우려 하기 때문이 아니라, 신약성서에 대한 오랜 명상으로 그의 인격과 성서가 내적 일치를 이루어 자연스럽게 표현되기 때문이다.

그러나 엄밀히 말하자면, 선다 싱은 조직신학자가 아니라 회화적으로 생각하는 사람이기 때문에, 그로서는 주요한 기독교 교리들을 그의 마음에 비춰지는 대로 생생하고 효과적인 방법으로 이해하는 것이 대단히 중요한 일일 것이다. 사실상, 우리가 발견하게 될 것은 비유로 해석된 요한신학이다.

삼위일체에 대한 환상

"한 때, 나는 삼위일체 교리에 대하여 매우 혼란을 느끼고 있었다. 나는 그것을 각각 다른 세 위격이 세 보좌에 앉아있는 것으로 생각했었으나, 환상을 통하여 아주 분명히 이해하게 되었다. 엑스타시 중에, 나는 사도 바울이 올라갔었다는 셋째 하늘에 올라갔다. 그리고 거기서 그리스도께서 영광스러운 영체spiritual body로 보좌에 앉아 계신 것을 보았다. 셋째 하늘에 올라갈 때마다 그것은 마찬가지였다. 그리스도는 언제나 중앙에 계신데, 그 모습은 도저히 말로 형용하거나 묘사할 수가 없다. 그의 얼굴은 해처럼 빛나지만 전혀 눈부시지 않고 너무나 감미로워서 아무런 어려움도 없이 바라볼 수 있다. 그는 언제나 자애롭고 거룩한 미소를 짓고 계신다. 내가 그분을 처음 본 순간, 나는 마치 우리 사이에 그 동안 잊고 있었던 아주 오랜 그 어떤 관계가 있는 것으로 느꼈으며, 그분은 아무 말씀도 하지 않으셨으나 마치 '나는 너를 창조한 바로 그니라'고 말씀하시는 것처럼 느껴졌다. 그리고 몇 년 만에 아버지를 만났을 때와 같은 느낌을 더욱 강렬하게 느끼며 나의 오래 전 사랑이 되살아났다. 이전에 나는 바로 그분의 것이었음을 알게 되었다."

"내가 처음으로 천국에 갔을 때, 나는 주위를 둘러보며 사람들에게 물었다. '하나님은 어디 계시죠?' 그러자 사람들이 나에게 대답했다. '하나님은 무한하신 분이시기에, 지상에서와 마찬가지로 여기서도 볼 수가 없답니다. 그러나 그리스도가 계시죠. 그 분이 바로 하나님이

시며, 보이지 않는 하나님의 형상이십니다. 지상에서나 천국에서나 우리는 오직 그분 안에서만 하나님을 볼 수 있답니다.' 나는 그리스도에게서 강물이 흘러나오는 것을 보았는데, 말하자면 더운 날씨에 물이 나무에 생기를 북돋워 주듯, 그것은 빛나며, 평화를 주며, 성도와 천사들 사이를 흘러가면서 어디에서나 생기를 회복시켜 주는 물결이었다. 나는 이것이 성령임을 깨닫게 되었다."

성육신

"말씀이 육신이 되셨다. 말씀이 육신 속에 들어오셨다." 이것을 나는 이렇게 생각했다. 하나님이 성육신하여 사람의 형체를 지녀야 할 필요가 어디에 있을까? 내가 기독교인이 되기 전에는 이 교리를 비판했습니다. 성육신을 믿는 데 지성적으로 별 어려움을 느끼지 못하는 사람들도 많지만, 그 필요성을 이해하지 못하는 사람들도 많이 있다. 그러나 가끔씩 인간은 자신의 마음속에서 하나님을 보고자 하는 거대한 욕구를 발견한다. 인간에게는 본성적으로 하나님을 보고자 하는 욕구가 있다. 우리는 자신이 예배하는 분을 눈으로 보고 싶어 한다. 그러나 그는 무한하신 분이시다. 나는 우상 숭배자들에게 말한다, '당신들은 왜 이러한 우상들에게 예배를 드립니까?' 그러면 그들은 이렇게 말합니다. '하나님은 무한하신 분이시므로, 이 우상들은 단지 우리의 마음을 집중하는 데 도움을 받기 위한 것일 뿐입니다. 이런 상징들을 통하여 우리는 무엇인가를 예배하고 이해할 수 있습니다.' 우리는 자신이 사랑하는 존재와 대화하고 싶어 하고, 또한 그를 보고 싶어 하지만, 문제는 그가 무한하신 분이어서 우리 눈으로 보지 못한다는 것이다. 언젠가 우리도 무한한 존재가 된다면, 그 때에는 우리가 그 무한하신 하나님을 보게 될 수도 있을 것이다. 그러나 지금 여기서는 우리의 창조주시요, 아버지시며, 생명을 주시는 그분을 볼 수 없다. 이것이 바로 하나님께서 사람들이 친히 볼 수 있도록 인간의 유한적인 형체를 입은 이유이다."

베일리올Balliol 대학 강당에서 있은 강연회 개회사에서 선다 싱은 다음 두 편의 예화를 말하였다. 이것들은 질박한 인도인들의 생활에서 뽑아 낸 것들이다.

"내가 히말라야 산 속에 있을 때, 한 번은 수틀레즈 강을 건너지 않으면 안 되었다 그런데 거기에는 다리가 없었다. 그렇다고 내가 헤엄을 쳐서 건널 수도 없었다. 어떻게 할까 생각하다가, 어떤 사람을 보고 이렇게 말했다: '내가 강을 건너야 하는데, 다리도 없고 배도 없습니다.' 그러자 그는 이렇게 말하는 것이었다. '염려 마시오. 공기가 당신을 건너게 해 줄 것입니다.' 나는 매우 의아했다. 공기로 숨을 쉴 수는 있지만, 공기가 나를 들어 올려 강을 건너게 할 수는 없을 것이기 때문이다. 그러나 그는 가죽부대에 공기를 채우고서는, 저더러 그 위에 올라타라고 하는 것이었다. 나는 그의 말을 따랐고 그로써 무사히 강을 건너게 되었다. 공기가 가죽부대에 들어가야만 내가 강을 건널 수 있듯이, 하나님도 인간을 돕기 위해서는 육신이 되어야 했던 것이다. 생명의 말씀이 육신이 되었다. 그는 이 세상이란 강을 건너 하늘에 이르고자 하는 사람들을 운반하실 것이다. '나를 본 자는 아버지를 보았느니라.' 우리는 예수 그리스도의 성육신 속에서 살아계신 하나님을 볼 수 있다."

"카시미르에서 있었던 일로 기억하는데, 이런 일도 있었다. 그곳에 수백 마리의 양을 가진 사람이 있었는데, 그의 종들이 이 양들을 몰고 나가서 풀을 뜯게 하다가 저녁에 돌아오면 거의 매일 두세 마리가 보이지 않곤 하였다. 그 주인이 종들에게 밖에 나가서 양들을 찾아오라고 하여도 그들은 짐승들이 무서워 감히 양을 찾으러 가려고 하질 않았다. 주인은 양들을 사랑하기에 그들을 구하고 싶었다. '만일 그냥 나가서 양들을 찾으면, 이전엔 나를 보지 못했기 때문에 그들은 나를 알아보지 못할 것이다. 그러면 양처럼 되어야만 하겠구나.' 그 주인은 양가죽을 뒤집어쓰고 양처럼 보이게 하고서는, 길을 잃은 양과 부상당한 양들을 찾으러 나갔다. 양들은 그가 자기들과 같은 양인 줄 알고 즉시 그의 뒤를 따랐다. 그는 양들을 데려와 곁에 앉아서 먹이를 주었다. 그는 양들을 모두 집으로 데려 온 후에야 양가죽을 벗었다. 그가 양이 아니라 사람이었으면서도 길 잃은 양들을 구하기 위해 양이 된 것처럼, 하나님께서는 사람이 아니면서도 사람들을 구하기 위해 사람이 되신 것이다."

그의 타밀어 연설에는 이런 비유가 있다.

"어떤 왕이 있었는데, 그에게는 학식 있고 덕망이 높은 대신大臣이 한 명 있었다. 그 대신은 팔레스틴을 여행하다가 그리스도에 대한 이야기를 듣고는 매우 감동하여 기독교인이 되었다. 집에 돌아 온 그는, 자신은 기독교인이 되었으며, 죄인들을 구하기 위해 세상에 오신 구주를 믿노라고 사람들에게 말했다. 그래서 왕은 그를 불러 물었다: '내가 무엇을 하고자 하면, 나는 종들에게 명령을 내리기만 하면 된다. 그런데 말로써도 능히 사람을 구할 수 있는 그 왕 중 왕이 왜 세상에 직접 와서 사람이 되셨는가?' 대신은 그 질문에 답하기 전에 하루의 여유를 달라고 하였다. 그리고 그는 능숙한 목수를 불러, 왕의 한 살 난 아들과 같은 인형을 하나 만들어 그 위에 옷을 입혀 다음 날 자기에게 가져오도록 하였다. 다음 날, 왕과 그 신하가 함께 배를 타고 있을 때 왕은 자기가 질문한 것에 대한 답변을 듣고자 하였다. 그 때 목수는 그가 만든 인형을 안고 물가에 와서 서 있었다. 왕이 인형을 자기 아들인 줄 알고 팔을 뻗어 그 아이를 받으려 하자, 목수는 대신에게서 지시받은 대로 그 인형을 물속으로 집어던져 버렸다. 왕은 물에 빠진 아이를 구하기 위해 즉시 물속으로 뛰어들었다. 잠시 후, 대신은 이렇게 말했습니다. '오! 왕이여! 당신은 물속에 뛰어들 필요 없이 나에게 명령만 내리시면 충분한데, 왜 당신께서 직접 물속에 뛰어 드십니까?' 왕은 생각하였다. '그것은 아버지의 사랑이다.' 이에 대신은 말했다. '이 세상을 구원하기 위해 단지 말씀만으로 하지 않으시고 전능하신 하나님께서 직접 사람이 되신 것도 바로 사랑 때문이다.'"

예수의 속죄

어느 날 우리는 성자에게 그리스도의 보혈로 구원을 얻는다는 신약성서의 말을 어떻게 이해하는지 물어보았다. 그는 다음과 같은 이야기로써 대답했다.

"한번은 버마에서 그리스도의 복음을 전하며 '그리스도께서 죄인들을 구원하시기 위해 죽으셨다'고 말하자, 사람들은 '어떻게?'라고 질문하였다. 그 때 그 자리에 있던 한 젊은이가 '그것은 사실입니다.'라고 말했다. 나는 이 사람이 기독교인임에 틀림없다고 생각하였으나, 그는 그리스도에 대해 한 번도 들어본 적이 없는 사람이었다. 그는 '그리스도라는 사람의 죽음으로 다른 사람들이 구원을 얻을 수 있다는 것은 분명한 사실입니다'라고 말했다. 그래서 내가 '어떻게?'라고 물었다. 그 젊은이의 말은 이러하였다:

'나는 내 아버지의 죽음으로 말미암아 구원을 얻었습니다. 어느 날 내가 산 속에서 미끄러져 떨어져서 부상을 입고 많은 피를 흘렸습니다. 그 소식을 들은 내 아버지께서는 나를 병원으로 옮기셨습니다.' 의사는 내가 곧 죽게 될 것이라고 말했습니다. 아버지는 " 아이는 내 독자입니다" 고 울부짖었고, 의사는 "이 아이는 도저히 살릴 수가 없습니다. 피를 너무 많이 흘려서 가망이 없습니다"라고 말했습니다. 이에 아버지는 "아들을 살릴 수만 있다면 무슨 일이든 다 하겠습니다"라고 했습니다. 그러자 의사는 "만일 누군가가 그의 피를 준다면, 어떻게 해 볼 수도 있겠습니다만…"이라고 말했고, 아버지는 "기꺼이 내 생명과 피를 드리겠습니다"라고 말했습니다. 그리하여 나는 살고 아버지는 죽게 되었습니다. 아버지의 죽음으로 내가 살게 된 것입니다.' 마치 이와 같다."

계속해서 그는 말했다.

"내가 산 위에서 떨어져 영적인 피를 모두 다 흘리고 죽음의 문턱에 이르렀을 때, 구주께서 그의 피를 내게 넣어 주셨다. 그는 그의 생명을 다 부어주셨고 나는 살아났다. 자신의 마음을 기꺼이 다 바치고자 하는 사람들은 예수 그리스도의 죽으심으로 자신이 구원 얻었다는 것이 얼마나 진실된 사실인가를 이해하게 될 것이다. 내 경험으로도 그 사실을 잘 알고 있다. 생명을 얻고자 하면, 생명을 버려야 한다."

그가 환상 중에 들었다고 하는 아주 기묘한 예화가 하나 있다. 우리는 그가 하는 말을 알아들을 수 있었다.

"인도 남부에서 있었던 일로, 비슷한 상황에서 고양이의 피를 사람의 혈관에 주입한 적이 있었다. 그러자 그 사람은 곧 앙칼진 것과 같은 고양이의 성격을 많이 나타내었다. 이것은 다른 존재의 생명이 주입되면, 그것을 주입받은 사람의 성격이 바뀔 수 있음을 보여준다."

"같은 환상에서 이런 이야기도 들었다. 즉, 그리스도께 접붙임을 받아야만 좋은 열매를 맺을 수 있다는 것이다. 다른 종교들에서는 이렇게 말한다. '선을 행하라. 그러면 선하게 될 것이다.' 그러나 기독교에서는 이렇게 말한다. '그리스도 안에 거하라. 그러면 선을 행하게 될 것이다.' 우리의 죄를 씻어주는 속죄와 보혈의 의미는 우리가 그리스도에게 접붙임을 받았다는 것이다. 내가 그리스도 안에, 그리스도가 내 안에 있는 것이다. 나무에 접붙인다는 것은 고통스럽게 가지를 자르는 것이다. 그러나 일단 접붙임을 받게 되면, 달콤한 나무의 진액이 고통스러워하는 가지에 흘러들어와 그것으로 하여금 달콤하게 한다."

앞에서 말한 예화들은, 구원이란 하나님의 생명에 참여하는 것이라는 요한복음의 개념에 부합하는 것들이다. 다음 비유들은 요한복음에서 그리스도의 죽음에 적용되는 속전贖錢의 조금 다른 개념을 보여준다.

"두 명의 젊은이가 도박을 하고 있었다. 도박을 한 사람은 오백 루피의 벌금을 물어야 하는 것이 그 나라의 법이었다. 그들은 도박을 하다가 관리들에게 적발되어 감옥에 갇히게 되었다. 두 사람 중 한 명은 부유한 사람의 자식이었고, 한 명은 가난한 농부의 자식이었다. 부유한 집의 아들은 즉시 오백 루피의 벌금을 내고는 석방되었다. 그러나 가난한 집 아들은 어떻게 되었겠는가? 그는 벌금을 물지 못하고 감옥에 갇혀 있어야만 했다. 벌금을 물어내기 위해 그의 어머니는 하루 종일 땀 흘리며 일을 했다. 돌에 손을 찍히기도 하고 베이기도 하여 피가 흘렀다. 감옥 창문을 통하여 어머니의 손을 본 그 젊은이가 물었다.

'어머니, 손에 난 그 상처들은 무엇인가요? 손가락에 흐르는 그 피는 또 무엇인가요?' 그러자 어머니는 자신이 하고 있는 일을 상세히 설명해 주면서 말했다. '나는 너를 구하려고 이 일을 하고 있단다.' 마침내 어머니는 오백 루피를 구하여 아들을 감옥에서 구해낼 수 있었다. 그 후 어느 날, 부자 젊은이가 그를 불러 주사위 놀이를 하자고 꾀었다. 그러나 그는 이렇게 말하였다. '나는 이제부터 두 번 다신 그 일을 하지 않겠네. 자네는 쉽게 감옥에서 풀려났지만, 나는 어머니의 노동과 땀, 그리고 어머니의 상처와 피로 말미암아 풀려났다네. 어머니에게 그러한 고통을 안겨준 이런 도박을 앞으로는 쳐다보지도 않겠네.' 부자 젊은이와 같은 사람들은 죄로부터의 구원이 죄를 버리고자 하는 힘든 노력 없이 그저 쉽게 얻어진 것으로 생각한다. 그러나 하나님이 사람이 되셔서 우리를 죄에서 구원하려고 그의 보배로운 피를 흘린 사실을 깨닫는 사람들은 그들의 하나님께 고통을 안겨주는 그러한 범죄를 좋아하지 않게 된다."

여기 아벨라르드Abelard적 개념인 자기-희생적 사랑을 암시하는 비유가 있다.

"못된 짓만 일삼고 살아온 한 젊은이가 있었는데, 그는 아버지를 거역하고 집에서 도망하여 마침내 강도 패거리에 들어가게 되었다. 집에는 그 동생을 매우 사랑하는 형이 있었다. 아버지는 가능하다면 잘못된 길로 들어선 그를 용서한다는 자신의 뜻을 전하고 싶어 했으나, 정글에 도사리고 있는 위험 때문에 아무도 모험을 하려고 하질 않았다. 마침내 그 형이 아버지의 뜻을 전하겠다고 나섰다. 아버지는 그에게 잘못된 길로 들어선 아들에 대한 자신의 변함없는 사랑의 말과 함께 자신의 부성애와 선의를 확신시켜 주기 위한 선물을 주어 보냈다. 동생을 찾으러 가는 길에 형은 강도들을 만나 돈과 패물을 다 빼앗기고 부상을 입어 죽게 되었다. 그러나 형은 강도들에게 '내가 가진 것을 다 빼앗아도 좋다, 하지만 두목에게 나를 인도해 달라'고 하여 그 두목을 만나게 되었다. 동생은 목소리로도 형을 알아볼 수 있었으며, 형의 몸에 난 상처들을 보고서는 가슴이 몹시 아팠다. 상처 입은 형이 말했다. '아버지의 말씀을 전하러 왔다. 아버지는 지금도 변치 않고 너를 사랑하신다. 지금 네가 돌아오면 아버지는 너를 용서하실 것이다. 이 말을 전하기 위해 내가 너를 찾아왔다. 난 이제 죽어도 괜찮다.' 이렇게 그는 동생을 위해 자기 목숨을 바쳤다. 강도가 되었던 아들은 뉘우치고 아버지에게로 돌아갔으며, 언제까지나 자신을 위해 목숨을 바친 형을 생각하며 눈물을 흘렸다. 예수께서 우리를 위해 하신 일도 이와 같다. 많은 사람들이 그 의미를 온전히 이해하지 못한다. 진정 마음속 깊이 이 사실을 느끼고 있는가?"

"막힌 담"에 대한 바울의 은유는 분명히 다음과 같은 내용을 의미한다.

"얼마 전 히말라야에서 나는 아주 험난한 산에 의해 서로 분리된 두 마을을 보았다. 두 마을 사이의 직선거리는 얼마 되지 않으나 그 산을 넘는다는 것은 불가능하기에 여행자들은 일주일씩이나 산을 돌아가야 했다. 한 마을에 살던 어떤 사람이 산 위로 길을 낼 수 없다면, 굴을 뚫어야겠다고 결심했다. 그는 길을 뚫는 데 목숨까지도 내던지기로 결심하고 그 일에 착수하였다. 그러나 불행히도 그는 일을 채 끝내지도 못하고 죽고 말았다. 그는 목숨을 두 마을이 하나가 되도록 하는 데 바쳤던 것이다. 나는 이것이 죄의 담과 예수 그리스도께서 목숨을 바쳐 길을 내신 것에 대한 좋은 실례라고 생각한다. '전에 멀리 있던 너희가 그리스도의 피로 가까워졌느니라.'"

그리스도의 죽음을 단지 혹은 주로 화해의 제물로 여기는 생각이 선다 싱의 설교에서는 나타나지 않는 것으로 보인다. 설사 나타난다 해도 그 문제에 대한 그의 심오한 사상과는 거의 유기적 관계가 없다. 그에게 있어 지옥과 심판은 불신자들을 위해 예비된 것으로 그 내적 과정의 자동적인 결과이다. 그것들이 하나님의 진노의 결과가 아닌 것은, 그는 그리스도를 통하여 하나님을 생각하는데 "예수 그리스도는 결단코 아무에게도 분노하지 않으시는 분"인 까닭이다.

그리스도와의 신비적 연합

선다 싱은 열정적인 확신으로 되풀이 하여 말한다. "인도는 그리스도를 단지 위대한 도덕적 스승이나 생명의 주님으로만 가르치는 선교사들을 필요로 하지 않는다." 우리들 대부분에게 있어 그리스도는 일차적으로 역사적 예수이다. 그분 안에서 또한 그분을 통하여 우리는, 말하자면, 보이지 않는 하나님을 보는 것이다. 그러나 모든 시대를 통하여 그리스도 중심의 신비가는, 이제 그가 알고 사랑하는 영원한 신적 존재를 먼저 생각하고, 갈릴리에서 먹고 마시며 가르친 사람은 이차적으로만 생각하는 사람이다.

"그리스도를 최고의 신비가로 말하는 사람들이 있다. 당신은 어떻게 생각합니까?"라고 성자에게 질문하자 그는 이렇게 대답하였다: "그것은 그리스도의 신성을 받아들이려 하지 않는 사람들의 경향이다. 그리스도는 최고의 신비가가 아니라, 신비가들의 주요, 신비가들의 구주이시다."

"그리스도는 역사적인 인물일 뿐만 아니라 오늘 날에도 살아계셔서 역사하시는 분이시다. 그는 성서 속에만 살아계신 것이 아니라 우리들의 가슴 속에도 살아 계신다."

"여러 지방을 두루 여행한 어느 인도 기독교인이 이런 말을 한 적이 있다: '나는 모하메드의 무덤을 보았는데, 그것은 매우 화려하며 다이아몬드와 여러 값진 물건들로 치장되어 있었다. 사람들은 나에게 말하길, 여기에 모하메드의 뼈가 묻혀 있다고 하였다. 나폴레옹의 무덤도 보았는데, 사람들은 여기에 나폴레옹의 뼈가 묻혀 있다고 했다. 그러나 그리스도의 무덤을 보니 그것은 열려 있었으며 아무런 뼈도 없었다.' 그리스도는 살아계신 분이기 때문에 그 무덤은 지금까지 이천 년간 열려 있었다. 내 가슴 또한 그리스도를 향해 열려 있으며, 그는 내 속에 살아계신다. 그는 모든 기독교인들의 삶 속에 살아계시므로, 살아계신 그리스도이십니다. 진정한 기독교인들은 그리스도를 믿는다고 고백하는 사람들이 아니라 그를 소유한 사람들이다."

"어떤 사람들은 구원이 하나님께 몰입하는 데 있는 것으로 말하지만, 우리 기독교인들은 그리스도 안에 사는 것 자체가 벌써 천국이라고 말한다. 우리는 그리스도 안에 살아야 하며, 그는 우리 안에 살아야 한다. 어떻게 이럴 수가 있을까요? 쇠공을 불 속에 집어넣으면 벌겋게 달아오른다. 쇠공은 불 속에 있고 불은 쇠공 속에 있으면서도, 여전히 쇠공은 불이 아니고 불은 쇠공이 아니다. 마찬가지로 우리는 그리스도 안에 살고 그리스도는 우리 안에 살지만, 여전히 우리는 신이 아닌 것이다."

"우리가 숨 쉬는 공기를 생각해 보라. 공기는 곧 우리의 생명이지만, 사람이 공기인 것은 아니며 공기가 사람인 것도 아니다. 같은 식으로, 우리는 하나님의 영을 들이 쉬지만 우리가 곧 하나님인 것은 아니다. 숨을 들이쉼으로 공기를 흡입하듯이, 우리는 기도로써 신성한 성령을 흡입할 수 있다. 우리는 하나님께 가까이 다가갈 수 있을 뿐만 아니라 그와 연합될 수도 있다. 이것은 연합일 뿐만 아니라 생명이기도 한데, 우리가 이 생명을 지니게 되면 놀라우신 하나님의 사랑을 보게 된다."

"행성에는 본래 빛이 없다. 그것이 내는 빛은 태양에서 온 것이다. 기독교인들도 그와 같이, 그들 자신에게는 빛이 없어도 의의 태양에서 빌어 빛을 발하게 된다."

"교회가 '그리스도의 몸'이라고 하는 것은 그리스도와 기독교인들 간의 관계가 주인과 종 이상의 것이기 때문이다. 기독교인들은 그리스도의 일부이다. 그들은 그리스도의 친구일 뿐만 아니라, 그리스도 자신이다. 그리스도는 기독교인들을 통해 호흡하신다."

"그리스도는 언제나 교회 안에 현존해 계시지만 눈에 보이지는 않는다. 사람이 어디서나 마음속으로 경외감을 느끼는 것은, 그의 현존을 어렴풋하게나마 인식하는 것이다. 그러나 그리스도는 우리로 하여금 그의 현존을 느끼게 하기 위해 결코 우리의 자유를 침해하진 않으신다. 그는 우리의 능력에 따라 그의 현존을 느끼게 하신다. 사실, 그는 강제적으로 우리에게 간섭하시는 것이 아니라 단지 우리의 관심을 유인할 뿐이다."

"우리는 안약眼藥이 눈앞에 있을 때만 안약을 볼 수 있다. 안약이 우리의 눈 속에 들어가면, 그것은 우리의 눈을 시원하고 맑게 해 주기는 하지만 눈에 보이지는 않게 된다. 마찬가지로 우리는 그의 현존으로 우리 마음을 맑히시고 기뻐하게 하시는 구주를 볼 수가 없다."

"기독교인들은 그들이 연합되어 있는 하나님이 영원하신 까닭에 영생을 가지고 있는 것이다."

제3장
신비가의 평화

하나님의 평화

선다 싱과 함께 한 시간을 보내게 되면 잊을 수 없는 평정과 기쁨에 대한 감명을 받는다. "하나님의 평화"가 그의 얼굴에서 빛날 뿐만 아니라, 단지 그가 참석해 있기만 해도 그것이 주위에 발산된다. 그에게 있어 천국이란 이미 지상에서 시작된 것인데, 그것은 다른 사람들에게 있어서도 마찬가지라고 생각한다. 그가 믿기로는, 바울이 에베소서 2:6에서 말한 것이 바로 이 체험이었다: "그가 우리를 그리스도 예수 안에서 함께 하늘에 앉히시니."

성자에게 있어서는, 이 평화의 존재와 "지상의 천국," 그리고 그것을 얻을 수 있는 가능성이 바로 기독교 메시지의 본질이며, 잠재적으로 모든 사람들을 위한 복음인 것이다. 에블린 언더힐의 말은 그의 입장을 정확하게 묘사해 준다: "올바른 방향으로 가기만 한다면, 우리는 지리학자가 되지 않고서도 풍경을 감상할 수 있으며, 철학자나 신학자가 되지 않고서도 천국에 들어갈 수 있다. 왜냐하면 천국은 하나의 성질로서 가장 간단하게는 내주하시는 그리스도에 대한 인식으로 이해할 수 있기 때문이다."

이 평화가 그의 회심 순간부터 줄곧 그를 지배하였다. "그리스도의 환상으로 내가 회심하게 되었을 때, 전류와 같은 능력이 흘러들어와 내 영혼을 사로잡았다." 자연히 그는 다른 기독교인들도 이러한 평화를 누리고 있을 뿐만 아니라 그 영향으로 변화되고 있으리라 기대하였으나 그의 기대는 충족되지 못하였다. "기독교인들에 대해 실망하셨습니까?"라는 질문에 선다 싱은 이렇게 대답했다. "예, 처음에 나는 그들이 이 놀라운 평화를 가지게 되었다면 굉장히 훌륭할 것이 틀림없으리라 생각했었습니다."

그러나 그는 이미 오래 전에, 다른 사람들과 마찬가지로 기독교인들도 이 비밀을 배울 필요가 있음을 알게 되었다. "그것은 매우 놀라운 평화이다. 저로서는 이 평화를 보여드리고 싶지만, 사람들이 그 놀라운 평화를 보지 못하므로 어쩔 수가 없다. 그 평화를 묘사할 말이 없으므로 다른 사람들에게는 말할 수 없지만, 영안이 열린 사람들은 그것을 이해할 수 있다." 그가 종종 말하듯이 여기서는 영어에 대한 그의 지식이 모자란 것은 문내가 되지 않는다. "내 모국어로도 그 놀라운 평화를 묘사할 길이 없다." "그것은 다른 사람에게 보여줄 수 있는 종류의 것이 아닌, 숨겨진 평화이다."

그러나 지금까지 신비가가 그의 체험을 서술하기에 적절한 말이 있었던가? 실로, 윌리엄 제임스William James는 신비주의의 네 가지 특징 중 하나가 곧 "형언할 수 없음"이라 하였다.

사두는 그가 말하는 평화와 기쁨이, 어렸을 때 부를 누리며 가정에서

맛본 그 즐거움과는 전적으로 다른 것임을 끊임없이 강조한다:

"사치스런 가정생활에서는 그런 기쁨을 맛볼 수가 없었다."

"내 영혼은 대양大洋과 같다. 수면에서는 파도와 폭풍우가 일어도, 그 밑 깊은 곳에서는 흔들리지 않는 평정이 있다."

사람들의 죄와 고통을 보면 가슴을 아파하고 걱정을 하지만, 여전히 그의 마음 깊은 곳에서는 평화가 넘쳐흐른다. 그가 기독교인이 된 초기에는 자신이 생각했던 이 평화의 비상한 성격에 큰 충격을 받았는데, 다소 모호하지만 그의 말을 인용하면 그것은 "내 생명의 어떤 숨겨진 능력"이었다. 이것은 의심할 여지없이, 발견되지 않은 그의 체질의 신체적이거나 심리적인 그 어떤 특이성idiosyncrasy 또는 그의 자기-최면에 의한 것이란 뜻이다. 그러나 우리가 이미 앞에서 살펴보았듯이, 대 금식을 하고 난 이후에는 이 의심이 깨끗이 사라지고, 그는 그것이 하늘로써 난 평화임을 확신케 되었다. 설명하긴 어렵지만 이 평화는 획득할 수 있는 것이다.

"이 세상은 슬픔으로 가득 차 있으며 우리 몸은 고통으로 가득 차 있다. 그러므로 많은 사람들이 우리가 이 세상에서 육신을 가지고 있는 이상 천국의 기쁨을 누린다는 것은 불가능하다고 말한다. 언젠가 히말라야에서 다른 여행자에게 '이곳에도 온천이 몇 군데 있다'고 하자, 그는 내가 미친 줄 알고 이렇게 말했다. '물이 얼어버리는 이런 추운 곳에 온천이 있다는 것은 거짓말이오.' 그래서 나는 그를 데리고 가서 온천에 직접 손을 넣도록 했다. 직접 체험하고 나서야 그 사람은 내 말의 진실성을 이해하고 그런 현상에 대한 과학적인 설명을 하기 시작했다. 같은 식으로, 오직 개인적인 체험에 의해서만 우리는 슬픔으로 가득 찬 이 세상에서도 천국의 기쁨을 가질 수 있음을 알게 된다."

"티베트에서 나는 아주 굉장한 사람을 만난 적이 있다. 그는 옷을 벗어 그의 몸에 난 상처를 나에게 보여주며 자신은 그리스도를 위하여 박해받는 것이 더없이 행복한 일이라고 말했다. 그가 내게 해 준 회심 이야기는 이러하다: '처음으로 순교한 사람을 보고 나는 영적인 것들을 생각하게 되었죠. 그는 야크 가죽 속에 집어넣어져 햇볕에 노출된 채 죽을 때까지 고문을 받았습니다. 나는 그를 보고 생각했죠. 그의 생명 속에 있어 그를 그토록 행복하게 하는 것은 과연 무엇일까? 라마승은 그 사람 속에 악령이 있는 것임에 틀림없다고 하였습니다. 그러나 나는 만일 악령이 그런 놀라운 기쁨을 줄 수 있다면 신에게 기도하여 나에게도 똑같은 악령을 달라고 하겠다고 말했습니다. 나는 그 일로 인하여 기독교인이 되었는데, 그 순교자의 이름은 카르타르 싱Kartar Singh이었습니다. 그는 고문을 받는 가운데서도 놀라운 평화와 기쁨을 보여주었기에, 그를 박해하던 사람들은 그 평화의 정체를 밝히기 위해 그의 심장을 칼로 갈라보기까지 하였으나, 그들이 발견한 것은 한 조각 살점 뿐이었습니다.'"

그들이 획득할 수 있는 이 놀라운 평화와 기쁨이라는 보물을 자기의 것으로 만들지 못한 기독교인들은, 몇 해 전 선다 싱이 네팔에서 이야기를 들은 거지와 같은 사람들이다.

"부자가 되려는 야망을 가졌으나 끝내는 거지로 죽게 된 사람이 있었는데, 그는 21년 동안 거지노릇을 해 온 사람이었다. 그가 죽고 나서, 이전에 어떤 왕이 가지고 있었던 보석과 보물들이 그 거지가 21년 동안이나 앉아 구걸하던 바로 그 자리에서 발견되었다. 거지는 그 많은 보물을 깔고 앉아 있었으면서도 알지 못했던 것이다. 그런데 마치 그 거지처럼, 많은 그리스도인들이 그리스도 예수 안에 있는 평화와 행복을 모른 채 세상을 살아가고 있다."

"그런 평화와 기쁨, 그리고 행복을 얻은 사람들에게는 다른 사람들에게 가서 그것을 전하라는 말을 할 필요가 없다. 그들은 가만히 있지를 못하기 때문이다. 나는 많은 기독교인들에게 이렇게 말한다. '당신은 왜 다른 사람들에게 가서 예수 그리스도를 전하지 않는가? 만일 당신이 무엇인가를 보았다면 가만히 있을 수 없을 것이다.'"

선다 싱이 이 체험의 성격을 영어로 말할 때 사용하는 "평화" "기쁨" "행복"이라는 말들은, 우리 질문에 대답하게 해서 그가 말하는, 각각 다른 세 가지 감정을 표현하는 것이 아니다. 타밀어 강연에는 단 두 가지, 평화와 기쁨만이 언급되고 있는데, 그가 말하고자 하는 것은 영혼의 단일한 움직임이다.

즉, 그가 "평화"라 부르는 평정하고 심원하며 흔들리지 않는 마음과, 그가 "기쁨"이라 부르는 충만하여 발산되는 생명과 빛이 무엇이라 형언할 수 없는 조화를 이루어 결합된 것으로, 그에게 있어서는 이것이 그리스도와 인격적으로 연합된 증거일 뿐만 아니라 현실이기도 한 것이다.

이 "평화"에 있어 특별히 흥미로운 특징은, 그것이 성자에게는 지적 조명의 상태이자 곧 영적 문제들에 대한 통찰력이라는 사실이다. 어느 날 우리는 그에게 물어보았다.

"당신이 가지고 있는 이 평화가 바울이 말한바 모든 생각을 초월하는 그 평화와 같은 것이라고 생각하십니까?"

그는 이 질문에 대해 이렇게 대답하였다.

"그것은 모든 생각을 초월하는 평화일 뿐만 아니라, 모든 생각을 밝혀 주는 것이기도 하지요."

십자가의 철학

그리스도의 평화는 비교적 편안하고 안락한 순간에만 그와 함께 있는 것이 아니라 고통과 박해 중에서는 더욱 강렬해지기까지 한다. "시련을 당하는 상황에서 도움을 주지 못하는 종교가 무슨 소용이 있겠는가?"라는 것이 그의 말이다.

한번은, 평화에 대한 그의 독특한 체험으로 인해 성경의 어느 구절에 대해 조명 받은 적이 있는지를 물어보았다. 그러자 그는 즉시 다음 성경 구절을 인용하였다: "내가 우리의 모든 환난 가운데서도 위로가 가득하고 기쁨이 넘치는도다"(고후 7:4)

어떤 때는, 가장 혹독한 상황 아래서 환희의 절정에까지 평화가 이르기도 하였다. 이것은 대충 언급하였듯이 그가 옥스포드에 있었을 때 말한 모험으로 예증된다. 어느 도시에서 있었던 일로, 그는 심한 폭행을 당한 와중에서도 설교를 계속하라는 명령을 받게 되었다. 그러나 그가 그러한 협박을 무시하자, 그는 이내 많은 살인자와 강도들이 수감되어 있는 감옥에 투옥되었다. 그는 그 무시무시한 환경 속에서, 그는 신약성서의 여백에 이런 글을 적어 놓았다: "그리스도의 현존은 나의 감옥생활을 축복된 천국생활로 바꾸어 놓았다. 그렇다면 이후 천국에서의 생활은 어떠하겠는가?"

그는 동료 죄수들에게 설교하기 시작했으며, 많은 사람들이 그의 말을 즐겁게 듣고, 그가 전하는 그리스도에게로 전향하기 시작하였다. 이 사실을 알게 된 당국에서는 그에게 형벌을 가하기 위해 그를 감옥에서 끌어내어 시장으로 데려갔다. 그는 옷을 벗기고, 아무것도 먹고 마시지 못한 채로, 하루 종일 밤까지 땅바닥에 앉아 있어야만 하였다; 그의 손발은

족쇄로 채워져 있었으며 그의 벗은 몸에는 거머리들이 붙어 있었다. 조롱하는 군중들은 그 광경을 즐기며 주위에 둘러 서 있었다. 다음 날 아침, 여전히 평온한 얼굴을 하고 있는 그를 본 당국에서는 그가 초자연적인 능력에 사로잡혀 있음을 두려워하여 그를 석방했다. 그는 의식을 잃고 쓰러졌으나, 잠시 후 정신을 차리고는 간신히 기어서 비밀 기독교인 친구를 찾아가, 그의 간호로 기력을 회복할 수 있었다. 그러나 그 모든 순간에, 그는 강렬한 내적 평화를 체험하였음을 우리에게 분명히 언급하였다. 파커 부인은 그가 이것을 이야기하면서 다음 말을 덧붙였다고 기록하고 있다: "영문은 알 수는 없었지만, 내 가슴 속에는 찬양하며 전도하지 않을 수 없는 기쁨으로 충만해 있었습니다."

이 마지막 사건에서 우리는 선다 싱이 말하는 평화의 진정한 의미가 그의 십자가의 철학을 떠나서는 이해될 수 없다는 것을 분명히 알게 된다. 그의 단념과 만족 사이에는 인간 본성의 기본적인 자질로 조건지워진 심리적인 관계가 있다. 이것은 모든 선택 행위에서 보이는 것으로서, 최악의 경우 선택에는 다음과 같은 문제, 즉 "빵을 가질 수도 먹을 수도 없다"는 문내가 제기된다. 그러나 기꺼이 단념을 하기 전까지는—구속받지 못한 인간에게 있어 결단이란 언제나 넌더리나는 것이다—불안이 내면에 자리하게 된다.

이것보다 좀 더 나은 경우는, 우리들 대부분이 경험하여 알고 있듯이, 마음의 평화는 단지 약간의 단념으로써도 얻을 수가 있다. 그러나 약간의 대안도 철저히 배제되어—언제나 고통스런 과정이지만—전 자아가 한 가지 목표를 향하여 집중될 때에는, 생각이나 행동에 거침이 없어져, 내적 갈등이 끝나게 된다. 다음의 말은 내세가 아닌 현세에 대한 것이다: "생명으로 인도하는 문은 좁고 그 길이 협착하다."

그러나 단념이 단념으로 여겨지는 한, 본질적으로 내적 투쟁의 요소를 포함하게 된다. 그러나 선다 싱은 그리스도 중심의 신비가라는 사실을 기억해야 한다. 그에게는 성 프란시스나 사도 바울에게 있어서와 마찬가지로 그리스도와의 동행이 수난인 동시에 하나의 특권이라는 사실을 깨달아야 한다. 그러기에 수고, 고난, 손실도 불운한 운명으로 어쩔 수 없이 받아들일 수밖에 없는 것에서 그리스도를 위해 적극적으로 받아들일 수 있는 것으로 변하는 것이다. 이것을 기억한다면 선다 싱의 평화에 대한 비밀을 조금이나마 이해하게 될 것이다. "십자가를 지라 그러면 그것이 그대를 질 것이다." 그가 그리스도를 본받음에 대한 이 구절을 상기하면서, "지난 14년 간 그리스도를 위해 성자로서 생활한 것을 돌이켜 보건대, 십자가 지는 사람들을 십자가가 지고서 그들을 천국까지 구주의 현존으로 들어 올린다는 것을 확신 있게 말할 수 있다"고 말할 때, 그가 말하는 바는 바로 지상의 천국에 대한 것이다.

성자에게는 고통이라 말할 수밖에 없는 것에 대한 열성이 있다. 그의 열성은 금욕주의자들과 같이 자기 자신을 위한 것이거나 영적 유익을 얻기 위한 것이 아니라, 봉사하는 가운데 사랑하는 님의 뒤를 따르고 그와 더불어 교제하는 데 따르는 고통에 대한 것이다.

이것은 순교자나 순교에 관계된 것들에 보이는 그의 깊은 관심도 동시에 설명해 준다. 그 역시 초대교회의 많은 기독교인들과 같이 순교로써 최후를 마치고 싶어 하지만, 그는 그리스도와 함께 극심한 박해를 받는 기쁨만이 아니라 그의 능력과 대의를 "증거할" 기회도 갈망하고 있다. 후자의 동기는 그가 인적 없는 숲 속의 나무에 묶여 죽음에 방치되어 있을 때―그는 기적적으로 구출받기까지 묶여 있었다―단지 공개적으로 그리스도를 증거 하면서 죽지 못하게 된 것이 아쉬웠을 뿐이라는 그의 말에서도 잘 드러난다. 그가 순교의 "선전 가치"라 할 수 있는 것에 부여하는 중요성은—"순교자"란 원래 "증인"을 의미하는 것이 아니었던가?—전형적인 금욕주의자들이 생각하는 것과 같이 고통이란 그 자체를 위해 추구될 수 있는 것이 아니라, 그리스도의 대의를 이루는 과정이나 혹은 그것을 위해 봉사하는 수단으로서 환영할 만한 것이란 그의 신조와도 일맥상통하는 것이다.

파리에서 무엇을 구경하고 싶으냐는 질문에, 그는 "이 나라의 순교자들과 종교생활에 관계된 것들"이라 대답하였다. 루브르 박물관을 재빨리 지나쳤으면서도, 그는 화살에 맞은 성 세바스찬의 그림에는 특별한 관심을 보였으며, 나중에는 그것을 루브르 박물관 최고의 작품이라고까지 극찬하였다. 그의 특별한 선교 사역지인 티베트의 매력 중 하나도, 이미 앞에서 살펴보았듯이, 고통과 순교의 가능성이 있다는 것이다. 티베트는 선교사들에 대해 배타적인 나라인 까닭에 성자와 같은 사람은 언제든지 순교를 각오하고 있어야만 한다. 강연을 하는 도중에 그는 때로 순교자들이나 특히 그가 티베트에서 만났거나 전해 들은 복음의 개척자들이 받은 고통에 대해서 언급하곤 한다. 그 역시 그들과 같은 최후를 기대하며 그들과 같은 영웅적인 평정과 충일한 초자연적 기쁨을 열망한다는 사실에서 다음의 이야기는 매우 의미심장하다 하겠다.

"티베트에 한 기독교인이 있었는데, 그가 복음을 전할 때면 사람들은 그에게 모욕을 주었다. 그러나 그는 사람들의 박해에 굴하지 아니하고 계속하여 복음을 전하였다. 그러자 사람들은 그의 살을 칼로 베고 그 상처에다가 고추 가루와 소금을 뿌렸다. 하지만 그는 그런 고통에는 아랑곳하지 않고 이렇게 말했다. '나는 이전에 사탄의 불화살로 인해 심한 부상을 입었으나, 그리스도의 피로 나음을 입었습니다. 지금 당신들이 내게 가하는 고통은 아무것도 아니라오.' 좀 더 심한 고문을 해야겠다고 생각한 그들은 그의 살가죽을 벗겨버렸다. 그러자 그는 또 '이 낡은 의복을 벗게 해 주셔서 감사합니다. 나는 곧 의로우신 그리스도로 옷 입게 될 것입니다.' 심한 고통을 받으면서도 조금도 용기와 의식을 잃지 아니하고 여전히 하나님을 찬양하며 행복해 하는 그의 모습을 더 이상 지켜볼 수 없었던 그들은 그를 들어 거세게 타오르는 불길 속으로 던져버렸다. 그러나 마지막 순간에도 그는 이런 말을 하였다. '이 불길 속에 나를 던져주셔서 감사합니다. 이 불길은 나를 높이 들어 올려 곧 천국에 이르게 할 것입니다.' 그리고 그는 그를 박해하는 사람들을 위하여 기도하고는 영혼을 성부의 손에 맡기며 숨을 거두었다."

영혼의 어두운 밤

신비주의 문헌에는 "영혼의 어두운 밤"으로 알려진 영적 체험의 단계에 대한 언급이 많이 나온다. 이것은 "무력함과 공허함, 그리고 고립"의 시기로서 어떤 신비가들에게는 하나님으로부터의 분리로 인해 야기되고, 어떤 신비가들에게는 영혼의 절망적인 불완전함에 대한 돌연한 자각으로, 또 어떤 신비가들에게는 이전의 열정이 사라지는 것으로 인해 야기된다. "그러한 혼돈과 비참함의 기간은 의식이 재통합되고 새로운 중심이 형성되기까지 몇 달간 지속되기도 하고 혹은 몇 년씩이나 지속되기도 한다."

성자도 이 "영혼의 어두운 밤"에 상당하는 경험을 한 적이 있을까? 선다 싱은 그 의미를 즉시 포착하고 이런 질문에 답하여 "사랑의 게임"이란 말을 언급하며 자신도 가끔—며칠이나 몇 주간씩 계속된 적은 없고 단지 몇 시간씩—그 놀라운 영혼의 평화와 기쁨을 박탈당한 경험이 있었다고 말했다.

그는 이런 현상에 대하여 다음 두 가지 이유로 기뻐한다고 했다. 첫째로, 그 어둠에서 빠져나올 때 이전보다도 더 큰 기쁨을 가지게 된다는 점이며, 둘째는, 그런 경험을 통하여 인간의 영혼과 신의 영혼이 하나라고 주장하는 입장을 실제적으로 논박하게 된다는 점이다. 만일 인간과 신의 영혼이 하나라면 어떻게 그 둘이 분리될 수 있으며, 어떻게 영혼의 생활사 속에서 그런 사건이 일어날 수 있겠는가?

"물론, 하나님이 실제로 인간의 영혼을 버리시는 것은 아니다. 단지 잠시 동안 자신을 숨기고 계실 뿐인 것이다. 이전에 아주 겁이 많은 북아메리카 원주민 꼬마가 한 명 있었는데, 아버지는 그에게 용기를 가르치고 싶었다. 그래서 그를 숲으로 데리고 가서는 나무에 묶어 놓은 채, 밤새도록 그를 내버려 두었다. 꼬마는 혹시 짐승이 나타나 자기를 잡아먹지 않을까 공포에 질려 악을 쓰며 소리를 질렀으나, 아버지는 실제로 그를 혼자 있게 내버려 둔 것이 아니었다. 아버지는 나무 뒤에 숨어서 짐승이 나타나 아들을 공격하려 하면 언제든지 방아쇠를 당길 준비를 하고 있었던 것이었다. 우리의 하늘 아버지께서 우리를 대하시는 것도 바로 이와 같다."

언젠가 다른 기회가 있었을 때, 선다 싱은 이 문제에 대하여 이런 말도 하였다.

"나는 가끔 홀로 내팽개쳐져 있다는 느낌을 갖게 될 때가 있다. 그러면 나는 '내가 죄를 지었기 때문에 내게서 평화가 사라진 것이겠거니' 생각하며 나에게서 평화를 앗아간 그 죄가 무엇이었던가를 생각하게 된다. 그러나 어떤 경우에는, 우리가 죄와는 상관없이 그렇게 될 때가 있는데 이것은 이전보다 더욱 훌륭히 하나님을 증거 할 수 있게 하기 위한 것일 수도 있다."

우리는 그에게 "영성생활을 유지하면서 피로를 느낀 적은 없었는가?" 란 질문도 했었는데, 그는 이렇게 대답했다.

"인도에는 오랫동안 비가 오지 않으면서 무더위가 계속되는 기간이 있다. 첫 비가 내리고 무더위가 시작될 때는 뜨거운 안개가 증기처럼 일어나 질식할 정도이다. 그러나 비가 두 번 세 번 내리고 나면 먼지가 사라지고 더 이상의 질식감을 느끼지 않게 된다. 그처럼 첫 번째 축복의 단비가 내린 후에(그의 회심을 말하는 것이다) 나는 당혹감을 느끼게 되었다. 그러나 축복의 단비가 두 번 세 번 계속된 후에는 더 이상 당혹감을 느끼지 않게 되었고 특별히 대금식 이후에는 더욱 그러했다. 그 금식 이후로 나는 더욱 용이하게 엑스타시에 빠질 수 있게 되었으며, 엑스타시에 빠지기 전 깨어있는 상태의 신체적 기쁨 속에서 더욱 큰 희열이 있었다. 나는 영적인 것에만 깊이 빠져 있었던 것이 아니라 외부 세계도 분명히 의식하고 있었다. 아마 대금식으로 인하여 길을 제대로 들어서게 된 것 같다."

그럼에도 불구하고 성자에게는 영적 황폐감이 몇 시간 이상 계속된 적은 한 번도 없었던 것으로 보인다. 우리는 우리가 그를 오해하고 있지 않았음을 분명히 하기 위해 이 점에 관해 그에게 몇 가지 질문을 했다.

제4장
신비가의 길

신비가와 보통사람들

선다 싱은 평범한 기독교인들과는 다른 일종의 영적 귀족으로 신비가를 생각하는 것에 대해서는 찬성하지 않는다. 이미 앞에서 살펴보았듯이, 그에게는 말로 다할 수 없는 풍부한 신비 체험이 있음에도 불구하고 그는 하나님과의 교제란 모든 사람들에게 열려있는 것이라 주장한다. 그것은 꼭 희귀하거나 특별한 은사를 필요로 하는 것이 아니며, 일상적인 직업생활을 포기하라고 요구하는 것도 아니다.

성자에게서 두드러지게 나타나는 특징은, 기독교나 힌두교의 많은 신비가들이 매력을 느끼고 있는 금욕주의적 이상을 그는 철저히 거부한다는 점이다. 그에게 있어 신비의 길은 자기 의식적인 단념을 요구하는 "부정의 길" *via negativa* 이 아니라, 단순한 기도와 자기희생적인 봉사의 경건 생활을 의미하는 것이다.

"'금욕주의자'라는 말을 반대한다고 하셨는데, 그렇다면 '신비가'의 금욕에 대해서는 찬성하십니까?"라는 우리의 질문에 그는 이렇게 말했다.

"그것은 전혀 다른 문제이다. 나는 내가 신비가라고는 생각하고 싶지 않다. 왜냐하면 보통 사람들은(선다 싱은 이 말에 미소를 지었다) '신비가'를 뭔가 막연한 것과 관계 맺고 있는 사람으로 생각하며, 이보다 조금 더 알고 있는 사람들은 '매사에 분별은 있을지 모르나 한 가지 일에 미친 사람'으로 생각하는 경향이 있기 때문이다. 그러나 진정한 신비가는 하나님과 함께 생활하며 하나님의 마음을 아는 사람이다. 거의 모든 사람들, 심지어는 위대한 성인들조차도 이 사실에 대해선 그리 잘 알고 있지 못했던 것 같다. 나는 초보자로서 영적인 어머니의 젖을 빠는 어린아이에 불과하다. 나는 그것을 즐기며, 그것으로 힘을 는다. 하나님의 자녀가 되는 것 이상을 나는 바라지 않는다. 내 자신이 신비가라고 하는 것이 망설여지기에 나는 언제나 인도에서처럼 사람들이 나를 '스와미'swami라 부르지 못하게 한다. 오히려 나는 단지 '경건한 사람'을 의미하는 '성자'Sadhu라 불리는 것이 더 좋다."

한번은 이런 질문을 한 적이 있었다. "비신비적인non-mystical 사람들의 종교에 대해선 어떻게 생각하십니까? 음악을 감상할 수 있는 사람들이 있는가 하면 그렇지 못한 사람들도 있고, 좋은 그림을 감상할 수 있는 사람들이 있는가 하면 그렇지 못한 사람들도 있습니다. 마찬가지로 종교적인 능력이 있는 사람들도 있지만 그렇지 못한 사람들도 있는 것이 아닐까요?"

그의 대답은 이러했다: "종교적인 능력은 예술을 감상하는 능력과 같은 것이 아니다. 차라리 그것은 갈증과 같은 것이라고 해야 할 것이다. 목마르지 않는 사람이 있을 수 있는가? 갈증으로 인해 사람들이 물을 찾듯, 종교적인 갈증으로 인해 사람들은 하나님께 나오게 되는 것이다."

우리는 그의 대답을 논박하여 이렇게 말했다: "그러나 어떤 사람들은 다른 사람들보다 분명히 더 큰 능력을 가지고 있습니다. 당신은 그렇지 않다고 말할지 모르지만, 어거스틴이나 루터, 그리고 웨슬리와 같은 사람들은 다른 사람들에 비해서 더 많은 재능을 가지고 있었지 않습니까?"

그의 대답은 이러했다: "사람마다 육체적인 차이는 있다. 어떤 사람은 머리가 큰가 하면, 다른 사람은 작은 머리를 가지고 있다. 그러나 내가 믿기로는, 모든 사람들의 영적 능력은 서로 같은 것이다. 어거스틴과 같은 사람들은 다른 사람들에 비해 자신들의 능력을 좀 더 개발했기에 특별한 것이다. 그들은 자신의 영성생활을 개발하는 데 더 많은 시간과 에너지를 쏟아 부은 사람들이다."

단념과 적극적인 봉사

선다 싱은 수도원에서 은둔생활을 한 중세의 신비가들이 자신만을 위한 삶을 살았으며 세상을 위해서는 아무런 유익한 일도 하지 않았다는 주장에 대해 묵인하지 않을 것이다. 그는 이렇게 질문한다. "수많은 사람들에게 귀중한 영적 조언을 제공해 온 『그리스도를 본받아』의 저자는 수도승이 아니었던가?"

그러나 그리스도와의 교제를 누리는 천국생활에 긴 시간을 할애하고 있음에도 불구하고, 선다 싱의 개인적인 생활은 압도적으로 적극적인— 바쁘고 피곤한—봉사의 삶이라 할 수 있다. 기도와 명상, 적극적인 봉사나 그 외 다른 일들을 마음대로 할 수 있는 한 주일 간의 기간이 주어진다면 무엇을 하고 싶은지 그에게 묻자 그는 그의 독특한 어투로 이렇게 대답

하였다: "일 주일 동안 물만 마시거나 밥만 먹을 수 있겠는가? 우리에게는 밥과 물 모두가 필요하다."

그는 몇 주간씩을 히말라야에서 지내는데, 그 동안 그가 기도와 명상으로만 시간을 보낸다고 생각하는 것은 전적으로 오류이다. 그가 온전히 순수한 명상으로 지내는 날들은 아주 드물다. 그는 히말라야에 흩어져 있는 마을들에서 복음을 전하며 시간이 있을 때마다 명상을 한다.

그가 믿는 기독교의 실질적인 특징은, 그가 좋아하는 성경구절을 극히 문자적인 인용하며 가끔 이야기하곤 하는 이야기를 통해서도 잘 드러난다: "누구든지 제 목숨을 구원코자 하면 잃을 것이요 누구든지 나를 위하여 제 목숨을 잃으면 찾으리라"(마 16:25).

심한 눈보라 속에서 히말라야 산맥을 넘던 선다 싱은 혼자서 산을 넘길 두려워하는 한 티베트인을 만나게 되었다. 그들은 추위가 너무 심해서 이미 무사히 목적지에 닿을 수 없을 것이라 생각하고 있었다. 같이 산길을 가다가 그들은 눈비탈 아래로 굴러 떨어져 길에서 의식을 잃고 쓰러져 있는 한 사람을 발견했다. 선다 싱은 동행하는 티베트인에게 그 사람을 마을로 데려갈 수 있도록 도와줄 것을 부탁하였으나, 그는 혼자서도 살아남기 어려운 상황에서 남을 돕는다는 것은 바보 같은 짓이라며 서둘러 혼자 가버렸다. 선다 싱은 비탈을 내려가 의식을 잃고 누워있는 사람을 업고 가까스로 다시 길에 들어설 수 있었다. 선다 싱은 그를 업고 힘겹게 발걸음을 떼었다. 얼마쯤 가자, 앞서 갔던 사람이 길 옆에 웅크리고 앉아 있는 것이 보였다. 그러나 선다 싱이 그를 불러도 그는 아무 대꾸도 하지 않았다. 이미 그는 몸이 차갑게 굳은 채로 얼어 죽어 있었던 것이다. 한편, 선다 싱은 사람을 어깨에 메고 오는 도중에 몸이 더워져 있었고, 또 그의 체온과 몸의 마찰로 인하여 의식을 잃고 있었던 사람의 몸도 점차 따뜻해져 마침내 의식을 회복하게 되었다. 그리고 그들은 함께 마을에 도착할 수 있게 되었다. 실로 감사하지 않을 수 없는 일이었다.

"그리스도를 위하여 죽기는 쉽지만, 그를 위하여 살기는 어렵다. 죽는 데는 한 두 시간이면 되지만, 그리스도를 위해 산다는 것은 매일 죽는 것을 의미한다. 나는 이런 생활을 여러 해 계속 해오는 동안 사람과 그리스도를 섬기는 특별한 은총을 얻게 되었을 뿐이다. 내가 항상 천국에 있는 것이 합당한 일이라면 이미 그곳에 있게 되었을 것이다. 그러나 내가 지상에 남아있는 한, 일하는 것이 나의 의무이다. 이것이 바로 내가 힌두교의 단념사상에 전적으로 반대하는 내용이다. 내가 '산야시'라 불리길 원치 않는 것도 그 말이 '단념하는 사람'을 의미하기 때문이다. 그는 세상에 있는 모든 것을 악하게 보고 세상을 단념한다. 그러나 나는 모든 것이 선하다고 생각한다. 세상은 모두 성부 하나님의 것으로 또한 나의 재산이기도 한 것이다. 만일 내가 이 세상을 단념한다면, 그것은 나의 하늘 아버지께서 사랑으로 내게 지어준 선물을 단념하는 것이 된다. 그러므로 나는 세상을 단념하지 않고 다만 그 안에 있는 악을 단념할 뿐이다."

세상은 역경과 유혹으로 가득 차 있지만 본질적으로 나쁜 것은 아니다.

"히말라야 산맥에는 아름다운 꽃들이 만발한 곳이 있다. 그러나 그곳에서 지체하고 있으면 곧 잠이 들어 버린다. 그래서 그 지역에 살고 있는 사람들은 그곳을 지나가기 전에 언제나 그 약효를 중화시켜 주는 다른 약초의 냄새를 맡는다. 그런 주의의 말을 들었을 때 나는 그 꽃들이 독초인 줄 알았으나, 사람들의 말로는 그 냄새를 맡고 열이틀이 지나도 죽지 않는 것으로 보아 그 꽃들이 실제로 독초인 것은 아니라고 했다. 그리고 설사 죽는다 하더라도 그 꽃들의 직접적인 영향 때문이 아니라 오랫동안 혼수상태에 있으면서 쌓인 허기와 갈증 때문이라고 했다. 마찬가지로, 이 세상에 있는 좋은 것들은 그 자체가 나쁜 것은 아니지만, 그것들로 인하여 영적인 허기와 갈증을 느끼지 못하게 되어 영적 죽음에 이르게 되는 것이다. 그리고 이 꽃들의 옆을 지날 때 잠들지 않게 해 주는 냄새의 약초처럼, 기도의 약은 세상의 유혹 가운데서 사람들을 지켜준다."

선다 싱은 이렇게 말한다.

"부와 지위를 얻고자 하면 고상한 삶에서 이탈하기 쉽다. 아주 부유한 사람들이 선교회에 기부금을 내지 않는 것도 바로 이런 이유에서 이다. 그래서 붓다가 그러했던 것처럼 가끔은 왕Raja들도 산야시가 되곤 했다. 그들은 이 세상의 좋은 것들이 그 자체로 악한 것이라 생각했다. 그러나 그것들은 본질적으로 악한 것이 아니라, 적절히 사용되지 않아서 나쁜 결과가 생기는 것일 뿐이다. 비록 그들의 이론이 잘못되었을 지라도, 나는 세상을 단념한 그런 왕들을 존경한다. 일단 그 지위와 부를 다 누려보고 나서 세상의 것들이 그들에게 미치는 영향을 깨닫게 되자 그 모든 것을 단념할 수 있었던 그들의 용기를 나는 존경한다. 그런 사람들 중의 한 사람이 바로 우즈자인Ujjain의 왕이었던 바라트리 하리스 찬드라Bharatri Harish Chandra이다. 나는 그 왕의 훌륭한 궁전을 보았으며, 거기서 수마일 떨어진 곳에 그 왕이 세상을 단념하고 은거한 지하 동굴도 보았다. 너무나 대조적인 그것들을 통하여 나는 세상의 것들에 만족을 발견한 사람으로서는 그런 일이 불가능하다는 사실을 가슴 속 깊이 깨닫게 되었다. 세상의 것들이 훌륭하긴 하지만 그것들로는 영적인 갈증을 해소하지 못한다. 집이 불에 타고 있는데, 그 주인이 불길을 잡기 위해 석유를 물로 착각하여 끼얹는다면—물과 석유가 모두 땅 속에서 솟아나는 것이라 하더라도—불길은 점점 더 거세지기만 할 것이다. 우리가 이 세상의 좋은 것들로 영적인 욕망의 불길을 끄려는 것이 바로 그와 같다."

"'문자적으로 그리스도를 따르는 것이 부양할 가족도 없고, 하고 있는 사업도 없는, 성자인 당신에게야 더 없이 좋은 일이겠지만 부양할 가족과 세속적인 일—당신 자신 대다수 사람들이 부름 받았다고 말하는—이 있는 사람들에게는 어떻게 그것이 가능하겠는가?'라고 질문하는 것을 들어본 적이 있습니까?"라고 묻자 그는 이렇게 대답하였다.

"이 세상에 사는 동안에는 그리스도를 따름에 있어 누구에게나 큰 어려움이 있게 마련이다. 내 삶이라고 해서 그렇게 쉬운 것도 아니다. 제게도 큰 어려움이 있으며, 그것은 비록 똑같은 것은 아니라 할지라도 세상에 사는 사람들이라면 누구나 가지고 있는 어려움들일 것이다. 그러나 그러한 어려움에도 불구하고 최선을 다한다면, 그 어려움이 다 사라질 내세에 들어가는 순간, 우리는 즉시 절정에 달하는 힘을 얻게 될 것이다. 옛날에는 특정 경기를 위해 사람들이 몸에 사슬을 감고 달리기를 연습했다. 사슬 때문에 쉽게 달리지도 못하고 또 빨리 달릴 수도 없었지만, 경기 당일에 사슬을 벗어던지고 나면 사슬을 감고 기른 힘으로 훨씬 빨리 달릴 수 있었다."

우리는 원래의 문제로 돌아갔다. "그러나 가끔 사업가들은 짐짓 정의로운 체하며 이 세상에서는 기독교가 비실제적이라고 말한다. 일례로, 사업상의 이야기를 하면서 자신의 위치를 지키려고 하자면 다른 사람을 속일 수밖에 없다. 예를 든다면 어떤 물건이 좋지 않다는 걸 알면서도 좋은 것이라고 말해야 하는 것이다. 그렇지 않으면 고용주에게서 쫓겨나고 말 테니까 말이다."

선다 싱은 이렇게 말했다.

"처음엔 정직하고자 하는 이유로 어려움을 겪을 수도 있다. 그러나 곧 사람들이 그를 신뢰하게 될 것이며, 하나님도 그를 번창하게 하실 것이다. 나는 정직성으로 인해서 어려움을 겪은 어느 인도 상인을 알고 있다. 처음 이 삼 년간은 많은 어려움을 겪었으나 이내 사람들이 그의 성실함과 정직성을 알게 되고 나서는 그에게서 물건을 사게 되어 그는 곧 부자가 되었다."

"진정으로 그리스도와 함께 살고자 하는 사람은, 불행이나 질병, 비난, 박해와 같은 것이 그를 해치지 못한다. 오히려 그는 자신과 다른 사람 모두에게 유익이 되는 방법으로 이것들을 응수하게 된다. 자기 아들이 나무에 돌을 던져 그 열매를 따는 것을 보고 그 아버지가 말했다. '알다시피, 너는 나무를 상하게 하지만 그것은 네게 좋은 열매를 돌려준단다.' 그리스도 안에 사는 사람들이 바로 그렇다."

기도의 본질

기도란 그 진실함에 대해선 할 이야기가 많아도, 별 새로울 것이 없는 주제이다. 사실 사람들은 깜짝 놀랄 만치 근원적인 이 문제의 건전한 의도를 직감적으로 느끼게 될 것이다. 어쨌든 성자에게는 이렇다 할 만한 것이 하나도 없다. 기도에 대한 그의 견해는 봉사나 단념에 대한 것과 같이 "영감을 받은 상식"의 수준이다. 그것들은 주로 적절한 예화에 대한 그의 특별한 재능에 의해 조명된 단순하고, 친숙하며, 간단한 격언들이지만, 그의 개인적인 체험에 근거한 확고한 신념의 표현이기에 여기에 기록할 가치가 있을 것이다.

"당신의 기도는 얼마큼이 간구이며, 얼마큼이 교제인가요?"라는 질문에 선다 싱은 이렇게 말했다.

"내가 회심하고 나서 처음 2-3년간은 특정한 문제에 대해 간구하곤 했다. 그러나 이제는 하나님을 간구하게 되었다. 열매가 아주 많이 열린 나무가 한 그루 있다고 가정해 보라. 당신은 그 주인에게 가서 열매를 사거나 구걸해야만 할 것이다. 열매 한 두 개를 얻기 위하여 매일같이 찾아가야 할 것이다. 그러나 만일 그 나무를 당신의 것으로 만들 수 있다면 그 모든 열매가 당신 것이 될 것이다. 마찬가지로, 하나님이 당신의 것이 된다면 하늘과 땅에 있는 모든 것이 당신의 것으로 될 것이다. 왜냐하면 하나님께서 당신의 아버지가 되시고 또 모든 것이 되시기 때문이다. 그렇지 않으면 거지처럼 특정한 문제를 위해 찾아가서 간청해야 할 것이며, 다 떨어지게 되면 또 가서 간청해야 할 것이다. 그러므로 은사를 구할 것이 아니라 은사주시는 분을 구하고, 생명이 아니라 생명주시는 분을 구해야 한다. 그러면 생명과 생명에 필요한 모든 것들이 당신에게 더해질 것이다."

"기도는 구걸이 아니라 하나님과의 교제—하나님과 대화하는 것—이다. 고결한 친구와 교제하게 될 때 우리의 삶이 어떻게 바뀌게 될 것인가! 하물며, 한량없이 선하신 분과 교제하게 될 때 우리의 변화는 또 얼마나 더할 것인가!"

"발루히스탄Baluchistan을 여행하면서 나는 어느 마을에 들어가게 되었는데, 그 마을엔 샘이나 우물이 없었으므로 3마일 밖에서 물을 길어와야만 했다. 어느 날 한 사람을 만나게 되었는데 그 사람이 내게 그 자초지종을 말해 주었다. 그에게는 두 아들이 있었는데, 그는 아들들에게 '그 밭에는 보화가 묻혀 있다'며 어느 곳을 파보라고 하였다. 그러자 아들들은 '황금과 은이 그곳에 묻혀 있을 것이라' 생각하고 아침부터 저녁까지 삼 일 동안이나 열심히 그곳을 파 보았지만 아무것도 발견할 수 없었다. 그래서 아버지께 다시 가서 물어보았더니, 아버지는 '그곳에는 큰 보화가 숨겨져 있다. 분명히 말하지만 너희는 그것을 찾을 수 있을 것이다'고 말씀하시는 것이었다. 나흘째 되던 날, 그들은 땅을 파는 데 지쳐 이렇게 말했다. '황금이나 은이 나온다 해도 목은 축일 수 없을 테니 가장 중요한 것은 바로 물이야.' 그러자 갑자기 샘물이 터져 나와 그들은 매우 기뻐하였다. 그 중 한 아들이 아버지에게 가서 그들이 발견한 것을 말씀드리자, 아버지는 이렇게 말씀하셨다. "내가 너희에게 '가서 우물을 파라'고 말하지 않은 것은 너희가 온 마을을 위해서 땅을 파지는 않을 것이라 생각해서였단다. 그렇게 말했다면 너희는 '마을 사람들로 가서 파게 하시죠'라고 했을 테지. 그러나 내가 보화가 묻혀 있다고 말하니까 너희가 간 것이지. 내 말은, 비록 너희가 황금이나 은을 찾으러 갔다 할지라도 그보다 더욱 값진 것을 발견할 것이란 뜻이었단다. 땅을 파면서 너희는 육체 운동을 했을 테고 또 샘도 발견했으니까 말이야.' 기도는 땅을 파는 것과 같은 운동이다. 그것은 사람을 강하게—유혹에 강하게 만들어 준다. 또한 기도로써 우리는 우리가 찾는 것보다 더욱 값진 보화를 발견하게 된다."

"어느 날, 무척 허기진 사람이 어느 집 문을 두드리며 빵 한 조각을 얻고자 하였다. 그 집 주인은 그를 집 안으로 맞아들여 저녁을 차려주며 그것이 준비되기까지 영적인 것들에 대하여 그와 대화를 나누었다. 손님은 그 삼십 분 간의 대화로 마음에 깊은 감동을 받아 회개하고 하나님의 자녀가 되었다. 그가 구한 것은 한 조각의 빵이었지만, 그가 얻은 것은 영혼의 구원이었던 것이다."

선다 싱의 기도에서 중요한 요소 하나는 중보기도이다.

"나에게는 이 백 내지 삼 백 명 정도의 하나님의 자녀가 있는데, 나는 그 명단을 가지고 있다. 전도여행을 하는 중에는 그들을 위해 기도할 시간이 없지만, 히말라야에 있을 때는 그들 모두를 위해 기도한다."

그는 이 말의 의미를 우연히 강연 중에 말하게 되었다.

"나는 내가 알고 있는 한 사람을 위해 8년 동안 기도하고 있었다. 간혹 그것이 전혀 쓸모없는 일로 여겨지기도 했으나 8년이 지난 후에는 그가 하나님을 생각하기 시작하였고 나의 기도는 응답을 받게 되었다."

그는 인도의 많은 친구들의 기도가, 영국에서 영어로 그의 메시지를 전하는 것과 같이 특별히 힘들고 책임 있는 일들을 함에 있어, 실제로 그를 붙들어 세워주고 도와준다고 생각하고 있었다. 그는 언제나 그들에게 감사의 말과 함께 자신의 체험을 말해주면서, 규칙적으로 그들의 용기를 일깨우는 편지를 썼다―다른 사람에게 불러주어 대신 쓰게 하는 경우가 더 많았다. 성 금요일에 웨스트민스터 성당에서 강연해 달라는 부탁을 받고서 그는 이 집회에 대한 소식을―그는 이 집회를 매우 중요하게 생각하였다―인도에 있는 친구들에게 전하여 그들이 그 특별한 날에 그를 잊지 않고 기도하도록 특별한 조처를 취하였다.

선다 싱은 일찍이 중보기도의 가치에 대한 질문을 받았다. "우리 자신도 훌륭하지 못한데 어떻게 우리의 기도가 다른 사람을 도울 수 있겠습니까?" 그러나 그에게 많은 영감을 주는 자연의 책the Book of Nature은 이런 의심을 깨끗이 일소시켜 버렸다.

"나는 바다에서 일어나는 증기가 구름이 되는 것을 보았다. 나는 소금물에서 올라온 증기이기 때문에 비가 되어 내리는 그것도 짤 것이라 생각하였으나, 빗물을 조금 맛보고 나서는 그것이 신선하고 달콤하다는 것을 알게 되었다. 소금은 바다에 남아 있었던 것이다. 그와 마찬가지로, 기도할 때 증기처럼 우리의 마음에서 생각들이 일어나지만, 의의 태양이 그것들에 비침으로써 악한 것들은 다 뒤에 남아있게 된다. 이리하여 형성된 구름으로부터 축복의 단비가 세상에 내리는 것이다."

기도의 필요성

"언젠가 강둑에 앉아 있다가 물고기가 수면 위로 뛰어올라 아가미를 벙긋거리는 것을 보았다. 나는 그 물고기들이 작은 고기를 잡아먹기 위해 그러는 것인 줄 알았다. 그러나 얼마 후 물고기에 대해서 잘 알고 있는 한 전문가는 말하기를, 물고기들이 가끔 수면 위로 뛰어오르는 것은 비록 물속에서도 어느 정도는 호흡할 수 있지만 그래도 바깥에서 공기를 마시기 위한 것이라 하였다. 기독교인들도 이 물고기들처럼 비록 일을 하면서도 어느 정도는 하나님과 접촉할 순 있지만 그를 더욱 가까이 접촉하기 위해서는 때때로 일상적인 직업생활에서 뛰어올라야 한다."

"내가 증기선에 올라탔을 때, 매우 박식한 한 사람이 내게 이런 말을 했다. '당신은 별과 혹성, 그리고 화성에 메시지를 보내는 사람들에 대해선 관심이 없으십니까?' 이에 나는 이렇게 말했다. '그것도 흥미 있겠죠, 그러나 화성은 지구에서 수백만 마일이나 떨어져 있습니다. 당신은 그 곳으로 메시지를 보내려고 노력하지만, 그 별과 당신을 지으신 창조주는 우리가 숨 쉬는 공기보다도 가까이 계십니다. 당신은 그 분께 기도하고 메시지를 보내는 것에 대해 생각해 본 적이 있습니까?'"

우리는 그에게 "그러나 기도할 시간이 없다고 말하는 사업가들은 어떻습니까? 그들은 아침을 먹자마자 사무실로 달려가기에 바쁩니다"라고 물었다. 이에 선다 싱은 말했다.

"기도는 아침식사 만큼이나 중요한 것이다. 식사하지 않고 지내는 것과 마찬가지로, 어떻게 기도하지 않고 지낼 수 있겠는가? 일단 기도의 습관을 들이기만 하면 그는 그 시간에 다른 일을 하는 것보다 훨씬 큰 즐거움을 발견하게 될 것이다…기도는 숨 쉬는 것만큼이나 중요한 것이다. '숨 쉴 시간이 없다'고는 아무도 말하지 않는다."

다른 사람들이 생각하기에 본질적이라 여겨지는 많은 것들을 잘라냄으로써 선다 싱은 기도의 시간을 만들어낸다. 회의를 시작하기 전 몇 시간 동안의 침묵의 시간을 가질 것을 그는 고집한다. 긴급한 중요 약속이 없을 때는 흔쾌히 받아들이는 차나 저녁 초대도, 저녁에 강연을 해야 할 경우에는 사절한다. 약간의 자유 시간이 생겼을 경우, 신문을 읽을 것인지 아니면 성경을 읽을 것인지 어떻게 해야 하는가 라는 질문에 그는 이렇게 말했다. "성경을 선택하는 것이 그의 의무이다." 그 자신은 거의 신문을 읽지 않는데, 그것은 우선 시간이 없기 때문이고, 또한 정치에 관심이 없기 때문이기도 하다. "나는 내 모국인 인도의 법에는 별 관심이 없다." 그는 이렇게 말한 적도 있었다. "나의 영원한 고향은 다른 곳에 있다."

"너희는 나와 함께 한 시도 깨어있을 수 없더냐? 시험에 들지 않게 깨어있어 기도하라"는 성경구절을 설명하면서, 선다 싱은 이렇게 말했다.

"우리 주님께서는 왜 이 말을 베드로에게 하셨는가? 거기에는 특별한 이유가 있었음에 틀림없다. 베드로는 그리스도를 부인할 사람이었다. 그래서 그리스도는 그 큰 시험에 그가 들지 않도록 기도하라고 하신 것이다. 그러나 그는 그 시간을 낭비하였고 마침내 그리스도를 부인하게 되었다. 베드로에 대해서는, 때때로 이 시간을 생각하면서 그것을 '육체의 가시'라 부르며 비탄해 했다는 이야기가 전해져 내려오고 있다. 그러나 그리스도는 이 시간에 기도함으로써, 기도의 응답을 받아 하늘로서 천사의 도움을 입게 되었다. 곧 십자가에 달려 죽는데 필요한 힘을 얻었던 것이다. 만일 베드로가 그 시간에 기도하였다면, 그는 '그의' 시험을 이길 힘을 얻게 되었을 것이다. 언젠가 산봉우리에 있으면서 나는 산 아래로부터 천둥의 우르릉거리는 소리와 번개의 번쩍이는 빛을 듣고 보았다. 처음엔 두려웠으나, 나에게는 아무런 위험도 없음을 알게 되었다. 왜냐하면 나는 그것들보다 더 높은 곳에 앉아 있고 그것들은 나의 발아래 있었기 때문이다. 이와 마찬가지로, 사탄은 기도로써 그리스도와 함께 천국생활을 하는 기독교인들을 해치지 못한다."

기도의 습관

순회전도자는, 생활 여건상, 철저한 생활 습관을 가질 수가 없다. 선다 싱은 때때로 홀로 그의 주님과 더불어 하루 종일 교제를 나누지만, 어떤 때는 밤새도록 기도할 때도 있고, 또 이른 아침에 두 세 시간씩 하는 기도로 만족할 때가 있는데, 영국에서는 종종 아침 다섯 시에서 일곱 시까지 기도하였으며, 시간이 있을 때면 세 시간 네 시간으로 연장하기도 했다.

그런데 상황으로 인하여 아침 명상의 시간을 빠뜨리거나 너무 짧게 한 날은 하루 종일 안정되지 못하고 기분이 언짢게 된다.

그는 성경을 읽으면서 하루를 시작하는데, 처음에는 통독하면서 특별한 의미를 던져주는 구절들을 기억했다가, 다시 그 구절로 돌아가 충분히 이해하게 될 때까지 깊은 묵상을 한다. 그러면 성령께서 그 자신과 다른 사람들을 위한 기도 제목을 가르쳐 주신다고 한다. 기도를 하는 데 있어 그는 일정한 자세를 고집하진 않는다. 앉아서도 하고, 무릎을 꿇고도 하며, 길을 가면서 기도하기도 한다. 시크교도였을 때는 엎드려 기도하곤 했으나 이제는 그렇게 하지 않는다.

"기도할 때 보통 말을 사용하는가?"라는 질문에, 그는 이렇게 대답했다.

"사용하지 않는다. 기도의 언어는 말이 없는 언어이다. 하나님이 우리 영혼에 말씀하시면, 우리는 즉시 그 의미를 이해하게 된. 그것은 마치 다른 사람과 대화하면서 그가 말을 하기도 전에 그가 무슨 말을 하려고 하는지 가끔 미리 알게 되는 것과 같다고 할 수 있다. 우리가 침묵의 시간을 가지고 있을 때 하나님께서는 우리 영혼에 말씀하시는데, 그는 아무런 말도 없이 직접 우리의 마음속에 그의 생각을 넣어주신다. 때때로 그것은 도저히 말로 표현할 수 없는 생각이기도 하다. 그러나 이러한 방법으로 우리는 삼십 년 동안에 배울 내용을 단 일 분만에 배우기도 한다. 그렇기 때문에 나는 개인적인 기도를 할 때는 말을 하지 않는다. 그러나 모임에서는 대체로 필요에 따라 말을 사용한다."

그는 "잠잠함" stillness 과 "하나님을 기다림" waiting on God 을 대단히 강조한다.

"하나님은 조용하신 분으로, 소란을 일으키지 않으신다. 그러므로 그 분을 이해하려면 침묵을 지켜야만 한다."

"급하고 서두르는 생활 속에서는 하나님께서 침묵하신다. 그리스도의 축복을 느끼고자 하면, 그 분 발아래 앉아 있어야 한다. 그러면 우리 마음속에 천국이 이루어질 것이다."

"오순절의 성령강림이 있기 전, 사도들은 열흘 동안이나 기다려야 했다."

"성령의 큰 축복을 받으려면, 큰 준비가 있어야 한다."

"철학자들은 침묵하고 있을 때, 생각이 더욱 잘 이루어지는 것을 알게 되었다. 그렇다면 그보다 훨씬 더 심오한 영적 일들에 대해선 어떨지! 그러나 침묵에 대한 갈망을 경험해 보지 않은 사람들은 단지 그들이 게으르기 때문이다."

그는 홀로 기도하기를 좋아한다. 그럴 때 그의 생각은 흐트러지지 아니하고 끊임없이 흐르게 된다. 비록 다른 사람들을 위해서 그들과 함께 기도하기도 하지만, 그럴 때는 홀로 할 때 처럼 정신을 집중하기가 쉽지 않다는 것을 알고 있다. 조금마한 움직임이나 뒤척임도 그에겐 방해가 되는 것 같다. 그러나 의외로 퀘이커교도들의 집단적인 침묵기도가 그에게는 별 도움이 되지 않는다고 하였다.

"기도할 때, 마음에 그리스도의 모습을 그리십니까?"라고 묻자 그의 대답은 이러하였다.

"처음엔 그랬었지만 지금은 별로 그렇게 하지 않는다. 가끔 그리스도의 모습이 나타나곤 하는데, 그것은 내가 엑스타시 중에 항상 보게 되는 그리스도의 형상과 같다. 시간이 지남에 따라 나는 점점 더 자주 그를 보지 않고서도—회심 이전에 육체의 눈으로 보는 것이나, 엑스타시의 체험 시 영안으로 보는 것 모두 없이—그의 현존을 느끼고 있다. 그리스도를 닮게 되는 만큼, 그의 현존을 더 많이 느끼게 된다. 무더운 곳에서 찬바람이 불어오면 새로운 힘이 솟아나게 되듯이, 내가 일을 하고 있을 때 그리스도의 현존이 그러하다."

마음속에 중세의 신비가들을 생각하며, 십자가상에 대해서는 어떻게 생각하는지를 물어보았다.

"내가 개인적으로 십자가상을 사용해 본 적은 없지만, 신앙의 어린아이라 할 수 있는 초신자와 하루 종일 세상의 일에 종사하고 있는 사람들에게는 유용하리라 생각한다."

그는 기도문에서는 별 도움을 받지 못했다.

"성 크리소스톰St. Chrysostom이나 다른 사람들의 기도문은 아름답긴 하나 시간의 경과에 맞추어져 있어 너무 기계적이다."

그는 기계적인 것이 되지 않도록 하기 위하여 주기도문의 빈번한 사용마저도 주저한다. 기도문에 대하여 그는 이렇게 말한다: "사람들이 필요로 하는 것은 기도문이 아니라 그들 마음속에 있다."

그는 때로 이런 이야기를 했다: "어떤 사람이 죽어가고 있었다. 그를 심방하기 위해 달려가다가, 주머니 안에 기도서가 없는 것을 알고는 그것을 가지러 급히 집으로 돌아가서 기도서를 가지고 그 사람에게 도착해 보니, 이미 죽어 있었다."

성도들의 교제에 대한 그의 입장을 알아보는 것은 매우 중요하다. 그는 모든 종파의 기독교인들과도 거리감을 갖지 않는다. 어떤 때는 고교회 성공회 신자들과 함께 미사에 참여하고, 또 어떤 때는 이따금 성찬식을 집행하는 비국교도들과도 어울린다. 그가 하는 일의 성격으로 인하여 그는 다양한 믿음과 예식의 모든 기독교인들과 접촉하며 종종 성찬식에 참석하게 되는데, 성찬식은 그리스도께서 살아계신 사람들의 중심과 마음 자세에 어느 정도 좌우되는 것으로 생각되었다: "만일 시간이 있다면 나는 매일 성찬식에 참석하고 싶다. 나는 그것에서 많은 유익을 얻게 된다."

그럼에도 불구하고 살아계신 그리스도와의 교제와 그의 현존에 대한 의식은, 성찬에의 참여와는 전혀 별개인, 성자에게 고유한 것이다. 그의 교리는 아주 단순하다: "나는 떡과 포도주가 실제로 그리스도의 몸과 피로 변한다고는 믿지 않는다. 그러나 그 효력은 마치 그런 것과도 같다. 모세가 광야에서 들어 올린 놋 뱀에는 아무것도 없었지만, 그들이 나을 수 있었던 것은 순종했기 때문이다. 떡과 포도주 그 자체는 아무것도 아니지만, 그 계명에 대한 순종과 신자들의 자세가 그 모든 차이를 만들어 내는 것이다."

초신자의 길

적지 않은 사람들이 성자를 만나고 그의 설교를 듣고서는 그런 사람에게서 기도생활의 계발에 대해 실제적인 조언을 얻게 되었다고 평가하는 것을 생각하며, 우리는 그에게 이런 질문을 하였다. "초신자에 대해서는 기도와 명상에 대해 어떤 조언을 해주실 수 있겠습니까?"

그는 이렇게 말했다: "나는 그에게 요한복음을 읽으며 그 인상적인

본문들에 주목하고, 그 본문들의 내적 의미를 찾아보라고 말할 것이다. 이것을 통하여 그는 정신집중의 방법을 알게 될 것이다."

"나의 경우는 기독교인이 된 초기 단계에서 보통 하나님의 사랑에 대한 신약성서의 구절을 하나 이상 찾아서는 깊은 주의를 기울였다. 그런 집중으로 말미암아 나는 천에 돋보기의 초점을 맞춘 것과 같은 결과를 얻게 되었다. 우리가 생각과 마음을 의의 태양을 향하여 고정시키고 영적인 일들에 집중하게 되면 그 태양으로부터 나오는 빛과 열이 우리 삶의 하찮은 것들에 내려 쬐어서 그것들을 모두 살라버릴 것이며, 이렇게 하여 하나님의 뜻에 거역하는 모든 것들이 절멸하게 될 것이다."

"나는 여러 번에 걸쳐서 기독교로 개종한 사람들에게, 무엇이 그를 그리스도에게로 인도하였는가를 물어보았다. 어떤 사람들은 '수고하고 무거운 짐 진 자들아 다 내게로 오라 내가 너희를 쉬게 하리라'는 말씀을 인용하였고, 또 다른 사람들은 각자마다 자기가 감동받은 서로 다른 바울의 글을 인용하였다. 그러므로 성경전체를 통독하면서 각자에게 감동을 주는 구절들을 골라내는 것이 좋으리라 생각한다."

"그러나 한 가지 방법이 모든 사람들에게 어울리는 것은 아닐 것이다. 나는 같은 병으로 고생하던 두 사람을 알고 있었다. 한 사람은 인도 북부 출신이었고 다른 사람은 인도 남부 출신이었다. 나는 의사가 그 두 사람 모두에게 같은 약을 줄 것이라 생각했으나, 그는 그렇게 하지 않았다. 한 사람은 추운 지방에서 왔고 다른 한 사람은 더운 지방에서 온 사람이었다. 그런데 의사가 각자에게 서로 다른 처방을 내렸는데도, 그 두 사람은 모두 완쾌되었다."

또한 "당신은 이냐시오St. Ignatius의 『영신수련』 Spiritual Exercise을 읽어 본 적이 있습니까? 그리고 그와 같은 방법으로 조언합니까?"라는 질문 에는 이렇게 답했다.

"나는 그 책을 읽어 보았지만, 다른 사람들에게는 도움이 될지 몰라도 나에게는 별 도움이 되지 않았다. 물론 조금은 도움이 되었지만 나의 명상법처럼 도움이 되지 않았다."

"가끔 우리는 기도에 충분한 시간을 보내지 않을 때가 있다. 그것은 우리가 힘과 능력을 상실했기 때문이다. 어떤 때는 한 시간 이상을 기 도해야 할 때가 있다. 그 때는 새벽이 가장 좋은 시간이다. 처음엔 하나 님의 축복을 느끼게 되지만, 나중에는 그가 우리에게 축복을 내리실 뿐만 아니라 기도하는 법도 가르치고 계심을 알게 된다."

"과학자들은 중요한 과학적 발견을 하기 위해서 수 년 혹은 일생을 바친다. 그런데 우리는 명상과 기도하는 것에는 하루 오 분만을 바치 면서, 어떻게 영적인 좋은 것들을 발견하길 원하겠는가? 어떤 사람들 은 십 분이나 삼십 분을 기도하고 나면 지쳐버린다. 그들이 하나님의 현존 앞에서 영원을 보내야 할 때는 어떻게 하겠는가? 우리는 여기에 서부터 습관을 길러, 하나님과 함께 있는 것에 익숙해져야만 한다."

"우리가 하나님을 위하여 일하고자 하면 그는 반드시 우리와 함께 계 신다. 그러나 그것은 오직 기도를 통해서만 가능하다."

"바이올린에는 몇 개의 현이 있는데, 연주를 하려면 그것들을 조율해 야 합한다. 서로 다른 생각은 서로 다른 현과도 같다. 그것들은 조율 즉, 그리스도에게 복종되어야 한다. 그래야만 기도의 활이 아름다운 음악을 연주할 수 있게 된다."

"아직까지도 이런 새 생명과 빛을 얻지 못했다면, 지금 당장 그것을 얻도록 노력해야 한다. 만일 그것들을 가지고 있다면, 바로 지금 하나님의 영광을 위하여 사용해야 한다. 어떤 생물학자는 내게 말하기를, 타조도 하늘을 날 수 있는 동물이었으나 그 날개를 사용하지 않음으로 인하여 하늘을 나는 능력이 상실되었다고 하였다."

그러나 선다 싱의 견해에 의하면, 자기희생적인 봉사가 없이는 기도도 보잘 것 없는 것에 불과하다. 그렇다면 그의 권면의 시작과 끝은 '자기희생적인 봉사'라 할 것이다.

"그곳엔 열 두 사도와 떡 다섯 덩이만이 있었다. 그러나 그들이 기꺼이 나누어 주려고 할 때, 모두가 배부르게 먹고도 남게 되었다. 우리가 힘을 다했을 때, 사람들은 이렇게 생각할 것이다: '저들은 이기적인 사람들이 아니다. 저들은 구원받은 사람들이다.' 우리 주님께서는 우리가 세상의 소금이라 말씀하신다. 소금은 녹아야만 다른 물질에 그 맛을 주게 된다. 우리가 밥하는 솥에 소금을 넣었는데, 소금이 녹지 않으면 무슨 소용이 있겠는가? 그러나 그 소금이 녹으면, 그 맛은 솥 안에 있는 수 천 개의 밥알들에 스며들 것이다. 그 모습은 보이지 않아도 맛으로써 그 존재를 알 수 있는 것이다. 소금이 녹음으로써 그 수 천 개의 밥알들이 맛을 지니게 된다. 마찬가지로, 우리는 자신을 버림으로써만 다른 사람들을 구할 수 있다. 그렇지 않으면 세상에 대한 사랑으로 인하여 소금기둥이 된 롯의 아내와 같이 될 것이다. 녹지 않는 소금이 무슨 소용이 있는가?"

제5장

엑스타시와 환상

그 비의적 성격

이미 지적하였듯이, 성자에게 있어 조명과 위안, 그리고 육체적 원기 회복의 거대한 원천은, 바울이 말한 "셋째 하늘"(고후 12:2)로 그가 들려 졌다고 믿는, 반복되는 황홀경의 상태이다.

"나는 결코 황홀경에 들기 위해 노력하거나, 다른 사람들에게 노력하라고 권하지 않는다. 그것은 우리가 받는 은사일 뿐, 추구할 수는 없는 것이다. 만일 받게 된다면, 그것은 값진 진주와도 같은 것이다. 내가 기아와 갈증 혹은 박해의 고통을 받으면서 지난 14년간 성자의 생활을 하는 동안에 이 황홀경을 누리는 은사가 없었다면 이 생활을 포기하고 싶은 유혹을 이길 수 없었을 것이다. 이것만큼은 온 세상을 주고도 바꿀 수 없다."

성자에게 있어 그토록 중요한 가치를 지니는 그의 체험을 포함시키지 않는 그의 신앙에 대한 연구는 분명히 중대한 오해를 불러일으킬 것이며, 그러한 시도는 중대한 어려움에 봉착하게 될 것이다. 교육받은 사람들은 —실제로 신비가의 생애를 연구해 보지 않고서는—환상을 볼 뿐만 아니라, 그것을 심각하게 받아들이는 사람들의 정신적 균형을 의심하기가 쉽다. 반면 교육을 받지 못한 사람들은, 특별히 동양에서는, 환상가와 그의 계시를 성자 자신이 몹시 배제하려고 애쓰는 미신적인 경외의 눈길로 바라보기 쉽다.

선다 싱은 위험에 대하여 아주 민감하다. 그는 대중 강연에서는 결코 자신의 환상을 말하지 않는다. 그는 아주 가끔, 그의 식별력과 판단력을 믿을 수 있는 친구들과 이야기할 때에 한해서 자신이 본 환상을 언급한다. 특정한 종교적인 난점을 설명하며 그는 이렇게 말했다.

"이것은 내가 설교 때에 가끔 하는 말이지만, 나는 내가 그것을 엑스타시 중에 들었다고는 결코 말하지 않는다. 그것은 내가 장황하게 설명하지 않으면 내가 말하는 바를 사람들이 이해하지 못할 것이기 때문이다."

비슷하게, 그는 자기가 본 것을 우리에게 설명하고 난 후에, 그가 세 번째 하늘에서 본 바울의 과묵함을 설명해 주었다.

"바울은 자기의 말을 사람들이 오해할까봐 매우 조심스러워 하였다. 그가 '그리스도 안에 있는 한 사람을 안다'고 말하면서 자신이 아닌 다른 사람의 경험인 것처럼 말한 것도 이런 이유이다. 이는 만일 자기가 그 환상을 보았다고 말하면, 사람들이 어리석은 질문을 하며 찾아와 괴롭히며 그의 대답을 오해했을 것이기 때문이다. 그는 현명하게도 사람들에게 설명하거나 말하려 하지 않았다."

선다 싱은 이 말을 하면서 마치 자신이 현명하여 그 사도의 침묵을 배우기라도 한 듯이 의미심장한 미소를 지었다.

한 친구는 이 장 전체를 삭제하라고 우리에게 충고했으나, 선다 싱은 그가 우리에게 말한 모든 내용을 우리가 출판하길 원하였다. 그리고 좋든 나쁘든, 그가 환상을 본다는 소문이 이미 파다하게 퍼져 있으며, 활자로도 인쇄되어 나와 있다. 이들 중 어떤 내용은 역시 그 내용을 출판하는 것보다는 삭제하는 것이 더 큰 책임이 있다는 미묘한 느낌과 깊은 도덕적 통찰력을 입증해 주고 있다. 결국, 우리는 진정으로 근거가 있는, 그의 환상 중 최소한 가장 전형적이고 독창적인 환상에 대한 이야기는 공개하는 것이 그의 명성에 도움을 주는 일이라는 확신을 갖게 되었다. 다행히 우리가 이 작업을 함에 있어서는 대부분 자료들을, 한 사람이 기록한 내용을 다른 사람들이 검토하고, 그 중 많은 내용에 대해서는 또 다시 선다 싱이 직접 읽고 수정할 수 있었다.

유대 환상가들의 환상

선다 싱의 환상은 그것들이 부활과 심판, 그리고 천국과 지옥의 기원과 발전을 조명해 준다는 점에서 특별한 관심을 끈다. 이러한 문제들과 종말론적인 문제들에 대한 전통적인 사상은 주로―최근의 연구에 의하여 밝혀진 바에 의하면―묵시문학 작품들의 일련의 긴 과정을 통하여 점진적으로 발전해온 것이다. 그 중에서 최초의 중요한 작품이 바로 다니엘서(주전166년)이며, 가장 나중의 것은 우리의 목적상 중요한 위치를 점하고 있는 베드로 묵시록으로서 그것은 주후 120년경에 기록된 것이며, 몇 년 전 이집트의 한 무덤에서 재발견되기도 하였다.

묵시문학의 형성 과정에서 대부분의 저자들은 어느 정도 전승을 수정하기도 하며 첨가하기도 하였다. 이러한 전승의 수정은 언제나 저자로 일컬어지는 사람들이 본 환상의 형태로 일어나거나, 천상에서 천사에게 전달받은 정보의 형태로 일어난다. 우리가 가지고 있는 자료에 의하면, 그 환상들은 분명히 실제 저자의 상당한 편집 과정을 거쳤으며, 종종 후대의 손을 거치기도 하였다. 그러나 의심의 여지가 있음에도 불구하고, 환상은 처음부터 환상으로 본 것이었기에 독자나 저자들 모두는 그것을 신의 계시로 간주하였다는 것이 우리의 견해이다.

간혹 이러한 환상들은 구약 예언자들의 탁월한 본문이나 주요 사상에 대해서, 혹은 초기 묵시문학가의 환상에 대한 새로운 해명과 확장의 형태로 나타난다. 그 환상들에는 일상적이고 공상적인 내용들이 많이 포함되어 있다. 그럼에도 불구하고 '심판'과 '영생'과 같은 위대한 사상들이 유대종교의 마지막 단계에서 나타나 마침내 기독교가 발흥하게 된 것은 바로 이러한 통로를 통해서인 것이다. 그러나 지금 우리가 주목하고자 하는 내용의 초점은, 이 묵시—달리 말하자면 이 발견—를 받은 사람들이, 실제의 삶과 하나님의 선하심의 조화를 열심히 모색하던 경건한 사람들이었다는 점이다. 그들은 각 시대의 묵시 문학가들을 통하여, 당대의 전통적인 견해에 비해 도덕적으로나 종교적으로 점차 더욱 만족스럽게 되었던, 죽음 이후의 생명의 본질에 대한 개념 속에서 그 조화를 발견하게 되었다.

이미 지적했듯이, 선다 싱은 묵시 문학가들처럼 주로 회화적으로 생각하며, 대체로 그의 지성적인 세계관은 여러 가지 면에서 우리들보다는 초기 유대 묵시 문학가들에 더 가깝다. 그 역시 하나님의 선하심과—이것은 묵시 문학가들보다는 그리스도를 통해 하나님을 보기 때문에 그에게 있어 더욱 어려워진 문제이다―내세의 개념을 조화시켜야 하는 문제에 직면해 있다. 그리고 묵시 문학가들에게 있어서와 마찬가지로 그에게 있어서도, 어려움은 환상의 형태로 그에게 전해진 전통적인 개념을 수정함으로써 해결된다.

선다 싱은 이렇게 말한다: "사도 요한은 '엑스타시'란 말을 사용하진 않았으나 '성령 안에서'란 말로 같은 것을 의미한다."

그의 말을 성서와 동일선상에 놓는 것이 아니냐는 견해에 대해 성자 자신만큼이나 격렬하게 거부하는 사람은 아무도 없을 것이다. 그러나 같은 것은 아니라 할지라도, 적어도 묵시 문학가들과 유사한 영적 체험이 있었다는 그의 주장은 매우 심각하게 고려해 보아야 할 것이다. 만일 그렇다고 한다면, 선다 싱의 체험에 대한 연구는 몇몇 성서 기자들에게 있어 종교적 진리에 대한 명상이 이루어지는 심리적인 메커니즘을 조명해 볼 수 있게 될 것이다.

만일 우리가, 진리라고 하는 것을 그것이 이해되는 특정한 심리적 메커니즘과는 다른 별개의 것이라고 생각하거나, 신의 그 어떤 묵시가 정신의 사고방식이나 문화, 그리고 수용인의 전체적인 경험에 의해 조건지워 진다고 생각한다면, 우리는 그 환상들이 진정한 진리의 묵시라는 것을 부인할 수 없게 될 것이다. 오늘날의 모든 사람들은, 내세의 특성에 대해서 우리가 생각할 수 있는 개념들은 상징적인 성격의 것들임에 틀림없으리라 간주한다. 천국과 지옥, 그리고 심판에 대한 전통적인 교리들도 상징적인 것으로 받아들인다. 그러므로 선다 싱의 환상도 이런 문제들에 관계되는 한 상징적인 것에 불과하게 된다. 그러나 우리가 잘못 알고 있는 것이 아니라면, 그 상징주의는 더욱 기독교적인 것이다. 그리고 만일 이것이 사실이라면, 전통적인 견해에 비하여 그것은 하나님의 진리를 이해하는 데 한 걸음 더 진보하는 것이 된다.

우리는 환상만이 종교적 진리에 대한 지식을 얻는 유일한, 혹은 가장 훌륭한 수단이라고 주장하는 것과는 거리가 멀다. 그와는 정반대로, 그리스도는 말할 것도 없이 대다수 히브리 예언자들과 시편 기자들, 그리고 바울과 같은 사람들은 이 환상이라는 원천에서 그들의 교훈을 이끌어낸 것이 거의 없다. 선다 싱의 환상에서 다루어지고 있는 종말론적인 주제들에 대한 선다 싱의 결론은, 철학적이고 도덕적이며 비평학적인 문내가 포함된 이성적 사고만을 사용하는 자유주의적 신학자들에 의하여 더욱 값진 것으로 고려되었다.

우리는 성자에게 어느 저자가 이성적인 방법만을 사용하여 그가 환상 중에 받은 내용과 거의 같은 결론에 도달한 것을 매우 기이히 여기며, 그의 환상 내용과 너무나 유사한, 최근에 나온 불멸에 대한 책의 한 대목을 읽어 주었다. 그런데 그는 이렇게 대답하였다: "전혀 놀랍지 않다. 진리는 하나이다. 그러나 각기 다른 사람들이 서로 다른 길을 통해서 진리에 도달한다."

이처럼, 우리가 말하고자 하는 것은, 묵시문학가의 경우와 같이 성자에게 있어서는 진리가 환상이란 방법으로 주어졌다는 것이다. 그들과 같은 기질과 지성을 갖춘 사람들에게는 다른 방법으론 진리가 주어질 수 없었을 것이며, 설사 주어졌다 해도 최소한 그만한 확신은 생기지 않았을 것이다.

천국

천국에는 세 가지가 있는데, 선다 싱은 이것을 엑스타시 중에 계시 받았다.

첫째 천국은 땅 위의 것이다. 이것은 선다 싱이 회심하고 나서 찾아온 것으로 그것은 놀라운 내적 평화와 그리스도의 현존을 즐기는 것이다. 이미 본서 앞장에서 설명한 바 있다.

둘째 천국은 중간 상태의 것이다. 이것은 그리스도께서 십자가에 달리셨을 때 회개한 강도에게 말씀하셨던 낙원으로서, 죽은 사람이 셋째 천국에 들어가기에는 영적 생활의 진보가 충분하지 못하여 잠시 머무르는 곳이다. 여기에서 그들은 그리스도께서 강도에게 말씀하신 것과 같이 그리스도와 함께 있으면서, 빛의 파동과 같이 그의 영향력을 느끼며 천국의 음악 소리를 들을 수는 있지만, 실제로 그를 보지는 못한다.

셋째 천국은, 우리가 말하는 본래의 진정한 천국이다. 모든 의인들은 궁극적으로 이곳에 들어가게 된다. 그러나 그것은 소수의 사람들에게만 허락되는 곳으로서, 선다 싱은 특별한 은총을 입어 지상 생활을 하는 중에 잠시 동안 그곳을 방문할 수 있었다. 선다 싱은 이렇게 말했다.

"나는 사도 바울이 '몸 안에 있었는지 몸 밖에 있었는지 나는 모르거니와'라고 한 말을 이해할 수 있다. 왜냐하면, 내가 그 곳에 있는 것을 알게 되었을 때, 나는 온통 빛으로 된 일정한 모양과 형체로 된 몸을 가진 것 같았기 때문이다. 그러나 내가 그것을 만지려고 하면(이 말을 하며 그는 손으로 왼쪽 팔을 감싸 쥐었다), 아무것도 느낄 수가 없었다. 이것이 바로 바울이 영체라고 말한 것이다."

"천국에서는 이 몸의 눈이 아닌 영안으로 보게 된다. 나는 영원히 육체를 떠나고 나서는 누구나 이 영안으로 보게 된다는 말을 들었다."

선다 싱의 모든 환상에는 변치 않는 일정한 배경이 있다. 선다 싱의 신비주의는 전적으로 그리스도 중심의 성격을 반영하고 있는데, 그의 환상들은 이것에 대한 납득할 만한 증거가 된다.

"그리스도는 그의 보좌에 앉아 계시며, 형언하거나 묘사할 수 없는 모습으로 언제나 중앙에 계신다. 엑스타시 중 내가 영안으로 보는 그 용안은, 내가 회심할 때 육체의 눈으로 본 그 모습과 너무나 흡사하다. 보혈이 흘러내리는 그의 상처들은 흉하지 않고 오히려 붉게 달아올라 아름답기까지 한다. 그의 용안엔 턱수염이 있고, 그의 긴 머리카락은 황금과 같고 작열하는 빛과도 같다. 그의 용안은 태양 같으나 눈부시지는 않으며, 언제나 인자한 얼굴로 장려한 미소를 짓고 계신다. 그리스도는 전혀 두려운 분이 아니시다."

"끝없이 펼쳐진 그리스도의 보좌 주위로는 수많은 거룩한 영적 존재들이 있는데, 그들은 성도들과 천사들로서 서로 분간할 수가 없다. 그들은 내게 이런 말을 했다. '서로 다른 점은 중요한 것이 아니다. 이곳에 있는 우리는 모두가 하나이다.' 그들 모두가 그리스도의 동생들 같다. 그들은 모두가 영광스럽지만, 그리스도의 영광은 그들에 비할 바가 아니며, 그들은 각자가 마치 다양한 색상들처럼 영광에 차이가 있으며, 또 그 외의 차이도 있다. 그들의 옷은 빛으로 되어 있는데, 눈부시지 않은 다양한 색상들이다. 그곳에는 이 세상보다 더 많은 색상들이 있는데, 다이아몬드나 보석이라 할지라도 그처럼 아름다울 수가 없다. 그들이 내게 말할 때는 그들의 생각을 순식간에 내 마음에 집어넣는데, 그것은 마치 이 세상에서 다른 사람이 무엇을 말하려는지 그가 말하기 전에 알게 될 때가 있는 것과 같다. 영계에서는 언어를 배울 필요가 없다. 우리가 육체를 벗고 그 세계에 들어가게 되면, 어린아이가 이 세상에 태어나자마자 숨을 쉬게 되는 것과 같이, 이전엔 한 번도 말해 본 적이 없어도 쉽게 자연적으로 하게 된다."

"이런 환상들 속에서 우리는 놀라운 많은 대화를 나누었는데, 이것이 바로 사도신경에서 고백하는 진정한 성도들의 교제이다. 우리는 영적인 것들과 문제들에 대하여 이야기를 나누었는데, 이들은 그것들을 아주 쉽게 해결한다. 그곳에서 보고 들은 너무나 많은 것들을 나는 마음속에 그릴 수는 있어도, 영어는 물론 힌두스탄어로도 표현할 수가 없다. 어떤 것들은 이 세상에서 이야기하면 그 아름다움이 다 상실되어 버릴 것이기에, 그것을 묘사하려 한다고 하더라도 아무 소용이 없다. 그러나 나는 이전에 보았던 것들도 언제든지 생생하게 기억하고 있다. 그 나라의 또 다른 특징은, 결코 피곤하지 않으며, 또 다른 어떤 것을 원하는 일이 결코 없다는 것이다. 이 세상에서는 아무리 좋은 경험이라 하더라도 서너 번만 해보면 곧 싫증이 나지만, 천국에서는 결코 싫증이 나는 법이 없다. 내가 참석한 어느 시골의 한 집회에서, 한 평범한 기독교인이 기도를 하고 있었다. 그는 성령이 충만하고, 평화와 행복감에 도취되어, 기쁨에 몸을 떨며 이렇게 기도했다. '주님, 감사합니다, 감사합니다, 이젠 됐습니다, 족합니다! 족합니다!' 나는 그 상태로 남아 있기를 원하는 그를 보고 정말 놀라지 아니할 수 없었습니다. 그리고 하나님께서 '내 낯을 보고 살 자가 없다'고 말씀하시며 뒷모습만 보여주셨다는 모세의 말을 기억했다. 성령으로 인하여 이런 고양된 상태를 견딜 수 있게 되는 것이지, 이 육체로는 견딜 수 없는 상태이다."

"천국엔 음악은 있으나 악기는 없다. 나는 악기를 찾아보았지만 하나도 찾을 수가 없었다. 그러나 천국의 가장 두드러진 특징은 언제나 편안함을 느끼는 것이라 할 수 있다. 그곳에는 욕구나 걱정이 없다. 나는 두 사람이 아무리 멀리 떨어져 있어도, 함께 있기를 원하는 순간 곧 그대로 된다는 이야기를 들었다. 내 자신은 언제나 다른 사람들 속에서, 지극한 친근감과 편안함을 느끼며 앉아 있게 된다."

"잠깐이라도 그곳에 있어본 사람이라면 이렇게 말하게 된다. '이곳이 바로 내 마음을 정한 곳이로다. 너무나 마음에 든다. 슬픔과 고통은 모두 사라지고 오직 사랑과, 사랑의 물결, 온전한 행복만이 있는 곳이다'(환상을 회상하는 선다 싱의 얼굴은 빛나고 있었다). 그곳에서 우리는 천 년만이 아니라 영원히 살게 될 것이다. 천국에 있는 사람은 아무도 무엇을 자기 것이라 하지 않는다. 모든 사람이 '우리의 집'이라 하는데, 그것은 그 어떤 말로도 표현할 수 없다. 나는 그것이 바로 사도 바울이 말한바 말로 다할 수 없는 것들을 들었다고 한 이유라 생각한다. 그 세계에는 이 세상에 있는 아름다운 것들에 상응하는 많은 것들, 산, 나무, 꽃들이 있지만, 그 모두가 불완전성이 사라진 것들이다. 이 세상에 있는 산과 나무, 꽃들은 내가 그곳에서 본 것들의 그림자에 불과하다. 그곳에 있는 모든 것들은, 무생물조차도, 모두가 자발적으로 끊임없이 찬양을 하도록 만들어져 있다. 나는 수백만 마일이나 앞을 내다볼 수 있는데, 저택과 담장들도 보이지만 그렇다고 시야가 가려지는 것은 아니다. 그것은 군중들 속에 있어도 마찬가지이다. 모든 것이 일종의 투명체로 만들어져 있어 사람들을 관통해서 볼 수도 있다. 그러므로 자신의 사랑이나 마음속에 있는 것을 숨기는 사람은 아무도 없다."

"그곳에서는 우리가 이 세상에서 느끼던 욕구들뿐만 아니라, 전혀 있는 줄도 몰랐던 욕구들까지도 모두 느끼게 되는데, 그곳에는 그런 욕구들을 충족시킬만한 것들이 다 있기 때문이다. 나는 그곳으로 만족한 것이 더 바랄 나위 없이 놀라웠기 때문이다. 그곳이 바로 우리의 집이다."

"나는 그 영들 중 하나에게 요한복음에 있는, '내가 너희를 신이라 하였다'는 구절의 의미를 물어보았다. 그리고 나는 사람에게는 수많은 욕구가 있는데, 이것은 천국에서 무한히 진보할 것을 보여 주는 것이라는 대답을 들었다. 우리는 그곳에서 우리의 머리털보다도 더 많은 능력들을 가지게 된다."

"또 한 번은 그리스도께서 말씀하신 '하늘에 계신 너희 아버지가 온전하심같이 너희도 온전하라'는 말씀의 의미도 물어 보았다. 그가 '천사들이나 예언자들처럼 온전하라'고 말씀하시지 않은 것에 대해 나는 무척 혼란스러웠다. 그것은 우리가 하나님처럼 된다는 말씀이 아닌가? 그렇다면 우리가 그에게 반역하게 된다는 뜻인가? 그곳에 있는 사람들은 내게 이렇게 말했다. 즉, 사랑이란 언제나 그 대상이 자신과 같이 되는 것을 원하기 때문에, 하나님께서는 우리가 그분처럼 되길 원하신다는 것이다. 사람들이 단지 동물들을 사랑하는 것으로는 만족하지 못하듯이, 하나님께서는 우리가 그와 동등하게 되길 바라시는 것이다. 그러나 그렇게 된다 해도 우리가 그에게 반역할 수 없는 것은, 그 때에는 하나님의 사랑에 대한 무한한 지식을 가지게 될 것이기에, 또한 무한한 감사를 느끼게 될 것이기 때문이다. 천국은 질투가 없는 곳이다. 우리 하늘 아버지께서는 우리가 그와 동등하게 되기를 원하신다. 천국은 질투가 없는 곳이다. 그곳에는 정도의 차이는 있으나 불화는 없다. 모든 사람이 언제나 다른 사람의 입장을 이해하며, 낮은 곳에 있는 사람은 형들이 큰 것에 대해 자부심을 느낀다."

또 "엑스타시 중에, 요한계시록에 나오는 것과 같은 환상을 본 적이 있는가?"라는 질문에 그는 이렇게 대답했다. "나는 요한계시록의 마지막 부분에 있는 것과 같은 환상을 많이 보았다. 그것들을 보면서 나는 '우리 형제가 벌써 이천 년 전에 이곳을 방문했었구나'라는 생각을 하게 되었다."

"요한계시록 중간 부분에 있는 것과 같은 환상은 본 적이 없는가?"라는 질문에는 이렇게 말했다. "전혀 없었다. 마지막 부분과 같은 환상만을 보았다. 특히, 하나님의 보좌와 어린 양에게서 흘러나오는 수정같이 맑은 생명수에 대한 구절과 같은 것들을 보고서는, 그것을 내게 보여준 사람들에게 엎드려 경배하고 싶은 마음이 들었다. 그러나 그들은 그리스도를 가리키면서 '아니라, 저분에게 경배하라'고 하였다."

"내가 '천국의 수도는 어디에 있죠? 하나님께서 앉아 계신 곳은 어디입니까'라고 묻자 그들은 이렇게 말했다: '그분은 그를 사랑하는 사람들의 마음속에 계십니다. 그는 사람들의 마음속에서 칼과 폭력이 아닌 사랑으로써 통치하고 계십니다. 살아 있는 영혼이 없다면 그의 통치도 없을 것입니다. 그의 통치 표식은 마음속에 있는 그리스도의 형상입니다. 이 표식은 마음에서부터 곧 온 몸으로 퍼져갑니다.' 사도 요한은 어린 양의 이름이 성도들의 이마에 기록되어 있다고 했다. 나는 사람들의 이마를 둘러보았으나 아무 것도 발견할 수 없었다. 그러나 사람들의 얼굴 전체가 그리스도의 얼굴과 같았다. 그래서 나는 '요한이 말한 내용의 의미'를 이해하게 되었다."

또한 "에스겔서나 요한계시록에 묘사되어 있는 것과 같은 스랍이나 다른 날개 달린 생물들을 보았는가?"라는 질문에는 다음과 같이 답했다.

"아니오. 내 생각으로는 날개 달린 생물이 있다고 말한 것은 그들이 본 것을 인간의 언어로 설명하는 것이 너무 어려웠기 때문이었다고 여겨진다. 나는 천국에 있는 영들에게서 나오는 빛의 파장을 보았는데, 처음에는 그것이 날개인 줄 알았다. 그러나 그것은 실제 날개가 아니다."

"내가 천국에서 본 영들의 얼굴은 모두 그리스도와 같으나 그 정도에 있어서는 덜하였다. 마치 태양의 형상이 수많은 물 단지에 비친 것과 같다고 할 수 있다. 그리스도는 하나님의 형상이시다―그 형상 속에서 하나님은 사람을 지으셨다―그의 형상이 진정한 하나님의 형상이며, 다른 사람들에게 찍힌 형상은 불완전한 것이다. 천국의 상태에 처음 들어갈 때 모든 사람들이 경험하는, 오래 전부터 그리스도를 알고 있었던 것 같은 느낌은 이렇게 설명될 수 있다. 즉, 비록 사람들이 알고 있지 못했다고 해도, 사람과 그리스도 사이에는 원초적인 관계가 있다는 것이다. 모든 죄인들의 마음속에는 그들의 창조주이신 하나님의 상한 형상이 있다. 그러다가 회심할 때, 그들은 그것을 인식하고 그분 앞에 엎드려 경배하게 된. 나는 저와 같은 엑스타시의 경험이 있는 사람들을 만나볼 기회가 없었다. 만일 있었다면, 그들에게 바로 이 인식의 경험에 대해 물어 보았을 것이다."

"한 번은 천국 세계가 지구에서 얼마나 멀리 떨어져 있느냐고 사람들에게 물어본 적이 있었다. 사람들은 모른다고 했으나, 그곳은 순식간에 도달할 수 있는 곳이다. 나는 그들이 모른다는 사실에 놀랄 수밖에 없었다."

"내가 기독교인이 되기 전에는, 사람들이 죽는 것을 볼 때마다 죽음이 없는 세계를 갈망하곤 했다. 나는 힌두교의 윤회 교리에 함축되어 있는 죽음과 재생의 끊임없는 반복을 몹시 혐오하였다. 그러나 처음으로 엑스타시 중에 천국에 들어가 보고 나서는, 내가 더 이상 죽음이 없는 세계에 들어왔음을 확신하게 되었다."

육체의 부활

"당신은 육체의 부활에 대해 알고 계십니까?"라고 물었다. 이에 사두는 이렇게 대답했다.

"나는 그곳에서 기독교인들은 육체를 남겨두고 떠난다는 말을 들었다. 그 육체는 매장되지만, 그 안에 있던 영체는 몸을 빠져나와 그 발달 상태에 따라 둘째 천국이나 셋째 천국으로 간다고 한다. 적어도 대다수 기독교인들에 대해서는 이것이 사실이다. 그러나 영적 생명에도 등급이 있는데, 그리스도와 같은 삶을 산 극소수의 경우에는 육체가 서서히 변화하여 하늘로 들려 올려 가게 된다. 그 육체는 완전히 영화된 것이지만—혈과 육은 영생을 상속받지 못한다—단지 완전히 영화되었을 뿐, 여전히 똑같은 육체라 할 수 있다. 나는 이것이 육체 그대로 하늘로 들려 올라간 에녹과 엘리야의 경우인가를 묻자, 그들은 '그렇다'고 하며 모세의 경우도 마찬가지라고 하였다. 그리고 그들은 천국에 있는 모세와 엘리야를 내게 말해 주었다. 그들은 천국에서는 더 이상의 변화가 일어나지 않기 때문에 그 때 내가 본 그 형상과 모습 그대로 변화산상에 나타났었다고 하였다. 하나님이 모세를 매장하였는데, 그들은 내게 말하기를 하나님의 매장법은 우리의 방법과 다르다고 하였다. 그것은 영체로써 감싸는 것이다. 아무도 육체 그대로 천국에 들어가지 못하지만, 그들과 같은 극소수의 경우는 육체가 변화하여 들어갔다. 그리스도의 육체에도 그런 변화가 일어났었다."

"그러나 대다수의 평범한 기독교인들은 육체를 남겨 놓고 영체로서 중간 단계나 둘째 천국에 들어가게 된다. 여기에서 그들은 셋째 천국에 들어갈 준비가 될 때까지 혹은 며칠 혹은 몇 달, 혹은 더 오랫동안 머물게 된다. 그러나 예외적으로, 아시시의 프란시스와 『그리스도를 본받아』의 저자는 영적으로 이미 상당한 진보를 이루고 있어서 즉시 셋째 천국으로 들어갔다."

최후의 심판

"한번은 '죽은 사람들은 모두가 한 줄로 서서 심판을 받게 됩니까?'라는 질문을 하자, 그들은 이렇게 말했다. '아니다. 육체를 떠난 영혼은 자기에게 있었던 모든 일들을 알게 된다. 그 기억이 모두 되살아남으로써 그들은 심판을 받게 되는 것이다. 천국의 빛이 악인들에게 비취면 그들은 곧 자신들이 성도와 천사들과는 함께 동거할 수 없음을 알게 되는 것이다. 그들이 그곳에 있는 모든 것이 자기들에게는 적합하지 않음을 알고, 천국을 떠날 수 있도록 간청하며 그곳을 벗어나려 하는 것이지, 하나님께서 그들을 쫓아내시는 것이 아니다. 천국은 담장과 대문이 있어서 통행증을 제시해야 하는 곳이 아니라, 자신의 살아온 삶이 곧 통행증이 되는 곳이다."

"중생한 사람들은 하나님의 나라에서 편안함을 느끼게 되지만, 중생하지 못한 사람들은 그렇지 않다. 진정한 심판이란 바로 이것을 말하는 것이며, 이 심판은 매일 이루어지고 있다. 심판은 우리와 하나님 사이에 그가 개입하시는 행동의 결과가 아니라, 바로 내적인 것이다. 최후의 심판은 이 최종적인 결과를 선언하는 것이 될 것이며, 그 때에는 진정한 하나님의 종들이 모든 피조물들 앞에서 승귀하게 될 것이다."

"그리고 이 세상에서는 영체가 육체 안에 있어, 우리가 죄를 짓는 것은 마치 밑에 먹지가 깔린 종이 위에 점을 찍는 것과 같다는 말도 들었다. 바깥 종이에는 아주 작은 표시밖에 나지 않는다 해도 안 종이에는 선명하게 표시가 나게 된다. 이처럼 우리가 죄를 지으면 우리의 영체에 흠집이 생기고 상처가 나서 마침내 우리가 죽어 영체가 육체를 빠져 나오게 될 때는 그것이 선명히 보이게 된다. 이렇게 영체가 지니고 있던 상처가 드러나는 것 자체가 바로 심판의 큰 일부가 될 것이다."

지옥

"나는 지옥에서도 하나님의 사랑이 역사하신다는 말을 들었다. 만일 하나님께서 자신의 빛을 온전히 비추시면 그곳에 있는 사람들이 견디지 못할 것이기에, 그는 그들에게 점진적으로 더 많은 빛을 비추어 주신다. 그리고 비록 그들은 자신들의 욕구라고 생각할지 모르나, 하나님께서는 조금씩 그들과 그들의 양심을 보다 나은 상태로 이끌어 가신다. 이처럼 하나님께서는 그 방향은 다르지만 이 세상에서 사탄이 우리를 유혹하는 방법으로 그들의 마음속에서부터 일을 해나가신다. 그리하여 마음속에서 이루어지는 하나님의 역사와 바깥에서 비추는 빛으로, 지옥에 있는 거의 모든 사람들도 마침내는 그리스도의 발 앞에 인도될 것이다. 그것은 수백만 년이 걸리는 일일 수도 있으나, 그 때에는 그들도—지상에서 그리스도를 영접한 사람들보다는 덜할 것이나—하나님께 대한 기쁨과 감사로 충만하게 될 것이다. 이처럼 지옥 또한 훈련받는 학교요 영원한 집을 준비하는 곳이다. 지옥에 있는 사람들은 그곳에서 고통을 당하기 때문에 그곳이 자신들의 집이 아니라는 사실을 알고 있다. 인간은 지옥을 위하여 만들어진 존재가 아니므로 그곳에서는 즐거워할 수가 없다. 그리고 그곳에 들어가게 되었을 때는 천국으로 도피하고 싶은 욕구를 가지게 된다. 그러나 천국으로 도망한다 해도 그들에겐 그곳이 지옥보다 견디기 힘든 곳이기에 다시 돌아오게 된다. 하지만 이것을 통하여 그들은 자신의 삶이 잘못된 것임을 알고 점차 회개하기에 이른다. 적어도 대다수의 경우는 이러하다. 그러나 사탄과 같은 인격체들도 있는데, 그들에 대해서는 '묻지 말라'고 하였다. 하지만 저로서는 그들에게도 희망이 있기를 바란다."

"나는 천국에서는 게으름이 있을 수 없기에, 사탄들은 지옥에서 구령사업을 돕는다는 말을 들었다. 우리가 그 운명에 대해서 질문할 수 없는 몇몇 소수를 제외한 지옥에 있는 사람들은 탕자처럼 궁극적으로는 천국에 들어가게 될 것이다."

선다 싱은 이 소수의 인격체들이 소멸될 것이라 생각하는 것 같다.

"한번은 내가 '그토록 많은 사람들이 그리스도를 듣지 못하여 죽게 될 것'이라고 하자, 그들은 '오히려 그 반대로, 죽는 사람은 거의 없을 것'이라고 하였다. 천국에는 이런 농담—농담이라는 말이 좋은 것은 아니지만—이 있다. '죽는 사람은 거의 없고 많은 사람들이 구원 얻게 될 것이다. 그러나 발설하지 말라.' 말하자면, 그들은 농담으로 이렇게 말했다. '그것을 알면 사람들이 부주의하게 될 것이다. 그러나 우리는 사람들이 첫째 천국—지상의 천국—도 맛보게 되기를 원한다.'"

"만일 모든 비 기독교인들과 죄를 짓고 죽은 모든 기독교인들에게 희망이 없다면, 하나님은 인간을 더 이상 만들지 않으셨을 것이다. 우리는 지상에서 죄인들을 구원하기 위해 최선을 다해야겠지만, 그들이 거부한다 하여 희망을 버릴 필요는 없었다."

선다 싱의 "보편구원론"은 노리치의 마더 줄리아나Mother Juliana의 유명한 "주장" 곧 "모든 것이 다 잘 될 것이다"라는 말과 그에 대한 설명—교회의 권위를 존중하여 이것이 어떻게 가능한가를 설명치 못한 것을 제외하고—을 생각나게 한다. 선다 싱은 "발설하지 말라"는 명령을 충실히 지키고 있다. 다음 장에서 살펴보겠지만, 그의 대중에 대한 가르침에서는 회개의 필요성과 내세의 즉각적인 심판에 대한 확실성이 매우 강조되는 반면, 회개치 않은 자들의 궁극적인 구원에 대한 희망은 전혀 언급되지 않는다.

그 외 다른 환상들

선다 싱의 환상에는 종말론과 관계된 것만 있는 것이 아니며, 또한 그것이 주된 것도 아니다. 그가 설교에서 사용하는 비유와 논거 중에는 그가 환상을 통해 알게 된 것이 적지 않다. 어떤 때는 잘 이해하지 못했던 성경 구절들에 대한 해석을 엑스타시 중에 받기도 한다. 선다 싱의 특징인 맹목적 단순성과 뛰어난 도덕적 통찰력을 보여주는 이야기를 하나 인용하고자 한다.

"아브라함은 왜 롯을 위해 기도하지 않았는가? 하나님이 소돔과 고모라를 멸하려 하실 때, 아브라함은 다른 사람들을 위해서는 기도하면서 왜 자신의 조카를 위해서는 기도하지 않았는가? 왜 그는 '최소한 내 조카만이라도 구원해 달라'고 하지 않았는가? 그것은 롯에게 뭔가 잘못된 점이 있었기 때문이다. 그는 그곳에서 수년 동안 살면서도 의인 열 명을 만들지 못했다. 자신의 의무를 다하지 못했기에, 아브라함은 부끄러워 그를 위해 기도하지 못했던 것이다. 그러나 하나님이 아브라함을 기억하고 그를 위해 롯을 구원해 주셨다. 마찬가지로 비록 기독교인들이 선하다 해도 다른 사람들을 구원하려고 노력하지 않으면, 아브라함이 롯을 위해 기도하기를 부끄러워한 것같이, 그리스도께서 그들을 위해 기도하기를 부끄러워하실 것이다."

그러나 선다 싱은 다소 기묘하게 말을 이었다.

"나는 아브라함이나 롯과 같은 사람들이 이전에 존재했었다는 것을 믿지 않는 사람들이 오늘날 많이 있다는 식으로는 자주 말하지 않는다."

또 "생명은 어디에서 나오는 것인가?"라고 물어 보았는데, 사두는 이렇게 대답했다.

"생명의 원천 중 하나는 사물들의 이면에 있다는 말을 들었다. 옷이 따스한 것은 그것이 감싸고 있는 사람의 몸이 따스하기 때문이다. 열은 옷에서 나오는 것이 아니라 몸 안에서 나오는 것이다. 이처럼 모든 생물들에 있는 생명도 이면에 있는 한 생명의 원천, 생명을 주시는 분에게서 나오는 것이다. 다시 말하자면, 옷이 몸을 가리고는 있지만, 그 열과 옷의 모양은 안에 있는 몸에서 나온다는 말이다. 그와 같이 우리 눈에 보이는 모든 식물과 동물들도 그 외형은 생명을 주시는 분에 의해 지탱되는 것이다."

"나는 그리스도에게서 빛과 사랑의 파장이 흘러나오는 것을 보았다. 그분 안에는 인간의 몸을 입은 하나님의 신성이 충만하게 거하고 있어, 이것이 영적 생명을 제공한다. 또한 생명과 사랑의 이 파장은 모든 수준의 생물들에게 신비한 방법으로 생명을 제공한다. 물질이나 운동은 생명을 만들어내지 못한다. 생명의 원천은 생명일 뿐이다."

"나는 내가 본 빛의 파장이 성령이시라는 말을 들었다. 우리가 어디에 서있든지 달은 우리 머리 위에 떠있는 것처럼, 자신에게서 흘러나오는 파장과 함께 영화로운 그리스도의 모습은 여기나 저기 그 어느 곳에서나 눈에 뜨인다. 나는 영화로운 몸을 가진 사람들의 무리를 보았는데 그들은 모두 '그 분은 내 가까이 계시다.' '그 분은 내 가까이 계시다'라고 말하고 있었다."

엑스타시 상태의 본질

신비주의에 대해 연구하는 사람이라면 선다 싱이 보는 환상의 본질과 의의를 과학적으로 평가하기 위해 보다 많은 자료를 원하게 될 것이다. 그러므로 우리는 여기에서 엑스타시 상태에 대한 선다 싱의 진술을 보다 자세히 설명하려 한다.

"언젠가 한 친구에게서 '엑스타시란 무엇인가?'라는 질문을 받았다. '바다에는 진주가 있는데, 그것을 손에 넣으려면 바다 밑바닥까지 잠수해야 한다. 엑스타시란 영적인 것들의 밑바닥을 잠수해 들어가는 것이다. 그것은 황홀경이 아니다. 엑스타시가 잠수와 같은 것은, 잠수부가 숨을 멈춰야 하는 것처럼 엑스타시 중에는 외적 감각을 중지해야 하기 때문이다.'"

"내가 홀로 있을 때면 언제나 새로운 것들이 떠오르는데, 그것은 말없는 언어 속에서 이루어진다. 말하자면 나는 불가사의한 대기大氣에 둘러싸임을 느끼는데, 그 때 무엇인가가 내 마음속에서 말을 하며 나는 엑스타시 상태에 있게 된다. 아무런 말이 없는 가운데, 나는 모든 것을 그림으로 본다. 머리에는 아무 부담도 없이, 편안하고 흔쾌하게, 순식간에 문제가 해결된다."

그가 기독교인이 된 초기에는, 엑스타시가 비교적 드문 현상이었다. 그러나 지금은 거의 매일 경험하고 있으며, 그럴 때마다 그는 자신을 억제하지 않고 그것을 받아들인다. 만일 그가 자신의 즐거움만을 생각한다면 그는 일생을 이렇게 그리스도와 함께 지낼 것이지만, 그는 다른 사람들에게 도움을 주고 싶어 한다. 엑스타시는 보통 기도나 명상—무릎을 꿇고 할 때도 있지만 흔히는 앉은 자세이다—을 20분 정도 하고난 후에 일어난다.

선다 싱이 엑스타시를 빈번히 체험한다는 사실은 매우 주목할 만한 일이다. 우리가 알고 있는 한, 성서의 저자들이나 위대했던 성인들에게 있어서도 환상과 계시는 매우 드물었다. 여러 시간씩 계속되기도 하는 엑스타시 상태에 있는 동안, 그는 외부 세계를 전혀 의식하지 못하며, 시간의 흐름을 느끼지 못한다.

"그곳에는 과거나 미래가 없으며 모든 것이 현재이다."

"내가 말했던 한 친구는 내가 엑스타시에 빠져 있는 것을 알면 방해하지 않는데, 한번은 내 방에 들어와 나를 보고는 엑스타시 상태에 있는 줄도 모르고 눈을 크게 뜨고 웃으며 내게 말을 걸었으나 나는 그의 말을 듣지 못했다. 그는 나중에 그 일을 내게 말해 주었다. 또 한 번은 나무 밑에서 엑스타시에 빠져든 적이 있다. 정신을 차려 보니 나의 온 몸이 말벌에 쏘여 퉁퉁 부어 있었다. 그러나 나는 아무것도 느끼지 못했었다."

한번은 아침 8시에 있는 한 모임에서 강연해 달라는 부탁을 받고, 아침 5시부터 기도하기 시작했는데, 무의식적으로 엑스타시에 들어갔다. 그가 엑스타시에서 깨어났을 때는 이미 9시가 되어 있었다. 모임에 대해서는 완전히 잊고 있었던 것이다. 그의 메시지를 듣기 위해 모였던 많은 사람들은 시간을 엄수하던 그가 나타나지 않는 것을 의아하게 생각하며 모두 뿔뿔이 흩어져 버렸다. 그는 아무런 설명도 하지 않았으나—설명할 수가 없었다, 그는 이 일을 매우 미안해하였다: "대체로 내가 이런 체험을 다른 사람들에게 말하지 않는 것은, 사람들이 나를 이해하지 못하고 나를 어리석은 사람으로 생각할 수 있기 때문이다."

그는 도시에 있을 때는 엑스타시에 "빠지지 않기 위해" 매우 조심하며 통제하였다. 그러나 히말라야에 있을 때는 일정한 약속이 없고 여유 있는 시간이 많으므로 이런 통제를 하지 않는다. "육체적으로 긴장되고 피곤할 때 더 자주 엑스타시에 빠집니까, 아니면 육체적으로 생기 있을 때 더 자주 빠집니까?"라는 질문에 그는 이렇게 대답했다:

"마찬가지다. 아마 육체적으로 생기가 있을 때 더 자주 빠지는 것 같다. 내가 육체적으로 긴장되고 피곤할 때나 사람들이 내 설교를 거부하여 낙담될 때 그런 일이 발생하면 원기와 새로운 활력이 생기게 된다. 이것이 바로 보통의 황홀경과는 다른 것이라는 확신을 가지게 되는 또 다른 이유이다. 내가 요가 훈련을 할 때는 무아지경이 일시적인 위로가 되긴 하였으나, 지속적인 원기 회복과 같은 것은 없었다. 이 엑스타시 상태와 내가 기독교인이 되기 전 개발했던 요가 상태와의 큰 차이는, 내가 엑스타시에 들기 전 어떤 마음 상태에 있었든지 간에 일단 엑스타시에 빠지게 되면 언제나 고요한 만족감과 아늑한 집에 있는 듯한 편안함이 생긴다는 것이다. 반면 요가 상태에서는 내가 무아지경에 빠지기 전에 슬퍼하고 있었다면 황홀경 상태에서도 울게 되고, 그 상태에 빠지기 전 기뻐하고 있었다면 여전히 웃고 있곤 했다. 그러나 엑스타시 후에는 언제나 힘과 활력 원기를 얻게 된다. 그 결과가 요가와는 달랐다."

"요가에 있어서 황홀경 상태의 목적은 마음이 아니라 머리의 만족에 있다."

"엑스타시의 상태는, 요가가 그러하듯이, 자기 최면의 결과가 아니다. 나는 결코 그 상태에 들고자 노력하지도 않으며, 요가 수행자들처럼 그 상태를 불러일으키기 위해 한 시간 동안 한 가지 대상을 생각하지도 않는다."

"엑스타시는 일종의 질병이나 환각이 아니다. 그것은 깨어 있는 상태이지 잠자는 상태가 아니다. 나는 그 상태에서 계속하여 생각할 수 있다. 또 평상시에는 생각의 흐름이 산만해지기도 하지만, 엑스타시 상태에서는 그렇지 않다. 보통은 생각들이 끊임없이 일어나서 한 가지 생각을 마음속에 오래 붙들고 있지를 못하나, 엑스타시 상태에서는 한 가지 주제에 대해 오랫동안 생각할 수도 있다. 나는 이것을 그 상태에서는 정신 활동이 물질적인 뇌의 방해를 받지 않기 때문이라고 생각한다."

"엑스타시에서 나는 하나님의 사랑과 같은 문제를 생각하는 동시에, 영들 특히 성령이 내게 하시는 말씀을 듣기도 한다."

"육체로 돌아오면, 내가 엑스타시 중에 본 것과 육체의 눈으로 보는 것 사이에 큰 차이가 있음을 알게 된다."

"가끔 엑스타시에서 빠져 나오면서 나는 온 세상이 내가 보는 것을 보지 못하는 것임에 틀림없다고 생각하게 된다. 모든 것이 너무나 가깝게 있으며 선명하다."

가끔 그는 지상에서 알고 있던 사람들을 천국에서 만나기도 했다.

"한번은 엑스타시 중에 영화로운 몸의 한 사람을 만나게 되었다. 그는 나를 보고 매우 기뻐하며 '절 기억하세요?'라고 말했다. 나는 모른다고 대답했다. 그러자 그가 말했다. '나는 당신이 방문했던 나환자 수용소에 있었습니다. 그 때는 나병으로 인하여 손가락이 떨어져 나가고 얼굴은 추하게 상해 있었지만, 지금은 나환자가 아닙니다. 나는 예수 그리스도를 통하여 이 영화로운 생명을 받게 되었는데, 1908년 2월 22일에 그 몸을 떠나 이 생명에 들어왔습니다'라고 말했다. 후에 나는 그 사실을 확인하여 사실임을 알게 되었다. 그는 환상 속에서 말한 바로 그날 그 장소에서 세상을 떠났다는 것을 알게 되었다."

어떤 사람들은 선다 싱의 이 이야기를 들으면, 3일 동안 금식한 후에 황홀경에 빠져 천국과 지옥과 연옥을 보고 왔다는 그 유명한 이브샴Evesham 수도사의 말을 기억할 것이다. 그는 연옥에서 자신이 금식하던 3일 사이에 세상을 떠난 한 수녀원장의 영혼과 만났다고 말했는데, 이처럼 그가 본 것을 말한 때는 아직 그 수녀원장의 부고가 그에게 전해지지 않았을 때였다. 그의 동시대인들은 이것을 그의 영혼이 실제로 연옥—물론 이곳에 그 수녀원장의 영혼도 있었을 것이다—에 갔었다는 것에 대한 확실한 증거로 간주하였다. 그러나 이런 사실에는 또 다른 해석이 가능하다. 즉 어떤 사람은 황홀경 상태에서도 정신감응에 특별히 민감하다는 사실이다. 만일 그 수도사가 그러한 사람 중 하나라면, 그 죽어가는 수녀원장에게서 온 것이든 아니면 그 주위사람들로부터 온 것이든 간에 사상전이thought transference로써 그녀의 죽음에 대한 그의 지식이 설명될 수 있을 것이며, 따라서 그는 그녀가 존재하고 있는 곳을 생각할 수 있었을 것이다.

우리는 "당신은 영계에서 말을 듣는 것은 지상에서 말을 듣는 것과는 전혀 다르다고 설명했습니다. 그렇다면 보는 일에 있어서도 천국과 지상 사이에 차이가 있습니까?"라고 물었다. 분명히 선다 싱의 마음에는 이 질문에 대한 대답이 명백하게 있을 것이다. 그러나 그것은 그가 느끼는 것을 인간의 언어로 표현하거나 이 세상에서 끌어올 수 있는 비유로 표현 될 수는 없는 것이리라. 그가 받은 인상으로는 영적으로 보는 것과 육적 으로 보는 것 사이의 유사함은, 이미 말한 바 있는 영적으로 듣는 것과 육적으로 듣는 것 사이의 차이보다 더 밀접하다는 것이다. 그 세계에서 보는 환상과 그림들은 이 세상에서 보는 것들과 비슷하긴 하지만 차이가 있다.

"이 세상에서 우리는 산과 나무와 꽃들을 보며 감탄하듯이, 그 세계에서도 우리는 같은 것들을 보게 된다. 단지 그곳에서는 그것들에서 나오는 일종의 힘이 그 모든 것을 지으신 창조주를 찬양하고픈 충동을 불러일으킨다. 그러나 이것은 전혀 노력 없이 이루어지는 것으로서 기쁨이 충만하여 저절로 일어나는 자발적인 표현이다. 이 세상에서는 내가 꽃이나 다른 아름다운 것들을 볼 때 감탄하는 것은 자신이고 그것들은 수동적이 되지만, 영계에서는 그와 반대로 그것들이 능동적이고 나는 수동적이다."

우리는 선다 싱의 환상이 그 형식이나 질에 있어서 어떤 발전이 있었는지를 알아보려 했으나, 대금식 이후로 그 횟수가 빈번해진 것 외에는 거의 변화가 없었던 것 같았다. 실로 선다 싱은 자신이 기독교인으로서 경험이 일천하였을 때 받은 그 풍부한 계시를, 그렇게 획득한 지식의 원천이 외부에 있으며 단지 자기 마음속에서 일어나는 꿈의 산물이 아니라는 사실에 대한 증거로 간주한다.

성자만이 지녔던 현상들

자신의 엑스타시에 대한 선다 싱의 진술에는 더 이상의 설명 없이 그저 다시 한 번 생각해 보기만 해도 충분할 중요한 두 가지 요점이 있다. 그것은 엑스타시가 빈번하게 발생한다는 점과, 엑스타시 후에는 기진함이 없이 언제나 육체 및 정신적으로 새로운 원기가 생긴다는 사실이다. 그 외에도 숙고해야할 다음 네 가지 점들이 있다.

첫째, 대체로 그의 체험에는 묵시문학가들 및 우리가 잘 알고 있는 서양 신비가들의 체험과는 다른 특징이 있다. 선다 싱은 엑스타시 중에 직접 지옥을 방문하는 것과 같이 이곳저곳 여행하지 않으며, 그 해석이 즉시 분명해지거나 천사에 의해 주어지는 일련의 극적인 장면들도 보지 않는다. 사실 혹자는 그가 한 가지—셋째 하늘에 대한—환상만을 보며, 분명히 무진장 다양하지만 언제나 본질에 있어선 동일한 환상을 본다고 말할지도 모른다. 그가 환상 중에 전해 들은 정보와 생각들은 단편적인 환상으로 제시되지 않고, 오히려 계속되는 하나의 거대한 환상의 범주 안에서 각각 다른 경우에 만나는 다른 영들로부터 말로 전달된다.

둘째, 선다 싱은 묵시 문학가들에 비해 훨씬 더 자기 체험의 형언할 수 없는 성격을 단언하고 재차 단언한다. 말은 말이되 들리지도 발음되지도 않으며, 광경은 보이되 눈으로 보는 것과 같지는 아니하다: "내가 영계에서 보고 들은 것을 표현할 수 있는 언어가 없으므로, 나는 사탕을 먹고 즐기면서도 그것을 다른 사람들에게 설명하지 못하는 벙어리와 같습니다."

그는 그가 보고하는 광경과 말들은 단지 실제의 그림자에 불과함—다시 말하자면, 그것들은 본질적으로 상징적이다—을 의식하고 있을 뿐만 아니라, 그것을 강력하게 주장한다.

셋째, 그에게 있어 엑스타시는 꿈의 상태—서로 관계 없는 장면이나 사건들이 의미 없이 스쳐 지나간다는 의미에서—가 아니라 깨어 있는 상태이며, 정신력이 집중되는 상태, 일상생활에서보다 더 분명하고 지속적으로 생각할 수 있는 상태이다. 엑스타시 상태에서 그가 말벌들에 쏘이는 것도 느끼지 못할 정도로 외부의 일을 전혀 의식하지 못한다는 사실이 바로 이것을 증명해 준다. 만일 그것이 잠을 자는 상태라면 쉽게 깨어나게 될 것이다. 그러나 그의 엑스타시는 심리학적 입장에서 보면 분명히 "일시적인 의식분열" temporary dissociation 상태로서, 사고와 감정의 강렬한 집중으로 특징지어질 수 있다.

우리는 여기에서 워즈워드 Wordsworth 의 시를 비교적으로 살펴볼 수 있을 것이다. 그는 이 시에서 선다 싱이 그의 엑스타시를 묘사하는 것과 같은 빈번하고 고상한 체험을 그의 언어로 말하고 있다.

> 보다 숭고한 또 하나의 선물,
> 신비의 짐이
> 이 알 수 없는 세상의 무겁고 고단한 짐이
> 가벼워지는 그 축복된 선물,
> 그 평온하고 축복된 심경에서
> 사랑은 우리를 조용히 인도하나니
> 이 육신의 틀과
> 우리 인간의 피의 순환까지 멈추도록,
> 우리는 육체 속에 잠들어
> 살아있는 영혼이 된다:
> 또한 조화의 힘과 그 깊은 기쁨의 힘에 의해

고요해진 눈으로
우리는 사물의 생명을 들여다본다.

네 번째, 사고와 감정의 이러한 집중은 그 중심에 그리스도께서 항상 자리하고 계신 환상에서 정점에 달한다. 그리고 그 압도적인 감명은 언제나 그리스도와 함께 있다는 의식과 그에게서 고양된 통찰력과 생명력, 그리고 능력을 받는 데 있다. 사고와 감정만이 아니라 그의 전 존재가 살아 계시며 영원하신 그리스도의 개념에 집중되는 것이다.

동양과 서양의 신비주의 문헌은 너무나 방대하여 일생 그 연구에 매진한 사람들조차도 정정訂正의 여지를 남겨 놓은 채 일반법칙만을 정리할 수 있을 뿐이다. 따라서 본서의 저자는 감히 전문가라 자처할 수 없다. 그러나 우리가 앞에서 살펴 본 선다 싱의 여섯 가지 특징들 중 개별적인 내용은 이전의 동서양 신비가들과 유사한 점이 있을 수 있으나, 그 내용들 모두가 한 인물 속에 함께 나타나고 있다는 사실은 유례없는 경우라 말하여도 경솔하지는 않을 것이다. 그렇다면 그것을 어떻게 설명할 수 있을 것인가? 모든 신비가는 일면 독특하다고 말하는 것으로는 충분치 못하다. 이에 우리는 다음과 같은 가설을 제기해 본다. 인도는 신비가들의 나라이다. 그러나 선다 싱은 그리스도 중심의 신비가로서 그 경험을 우리가 기록하게 된 최초의 인도인이다. 우리는 기독교 신비주의가 인도에 정착되면 새롭고 또한 인도 특유의 성격을 띤 형태가 나타나게 되리라 기대한다.

사상과 그 상징

　기록되어 있는 신비가들 및 묵시 문학가들의 환상을 연구해 보면, 그 내용—즉 그들이 이해한 사상과 가치—과 그것을 그들이 표현한 형식 혹은 상징을 구별하는 근본적인 중요성을 강조하게 된다. 우리는 환상의 형식과 내용이 그것을 보는 개인의 전적으로 상이한 심성 및 경험적 요소로부터 개별적으로 유출되고 규제된다는 사실에 주목한다. 환상을 가장한 형식은 일면 그 주제의 드라마틱한 특성으로 인한 것일 수도 있고, 또 다른 일면으로는 그의 이전 체험과 환경에서 제공되는 상징을 구성하는 자료의 특성으로 인한 것일 수가 있다.

　선다 싱의 경우, 이러한 자료들은 주로 그가 오랫동안 지력과 감정을 집중해온 성서 연구에서 도출된 것이다. 그러나 그 환상의 내용은 전혀 다른 요인들에 의해 규정되는데, 첫째로는, 환상을 보는 사람의 지적, 윤리적, 종교적 통찰력이다. 선다 싱의 경우 그것들 배후에는 일생을 통한 사고와 기도 희생적인 봉사가 있다. 둘째로는, 환상으로 인해 풀리는 문제들에 대한 영혼 및 사고, 사랑, 미학적 개념 등 고상한 모든 능력들이 집중되는 정도이다. 셋째로는, 전 인격체가 들림 받아서 신적 존재와 나누는 강렬한 의식적 교내가 한꺼번에 일어나는 범위이다. 선다 싱의 경우 언제나 마찬가지로 영원하신 그리스도의 형상 아래서 환상을 보며 그 의미를 깨닫는다.

　선다 싱이 보는 환상의 형식은 아름답고 적절하다. 그러나 그것이 전달하는 영적 진리의 정도와, 묘사할 수 없는 실재의 본질에 대한 영감에 의한 직관으로서의 진실성, 계시로서의 그 가치 등은 전적으로 그 내용을 결정하는 세 가지 요소에 의해 좌우된다. 그 환상들이 가치를 지니는 것은, 그것이 환상이기 때문이 아니라 선다 싱이 본 환상들이기 때문이다. 그리고 그것은 단순히 성자에게 종교적인 것들에 대한 직관적인 천재성이 있으며, 그가 기도의 사람이기 때문이 아니라, 그의 사상과 말과 행동이 일치된 삶을 삶으로써 그의 인격으로 승화되었기 때문이다. 마지막으로, 이러한 이유에서만이 아니라 선다 싱의 환상은 주님과의 깊은 의식적 교제 속에서 일어난 것이기 때문이다.

지면이 허락된다면, 우리는 그와 같은 심리학적 원리들이 형식을 결정했으며, 그와 같은 개인적인 성품의 요소들이 성서에 기록된 환상들의 가치(우리가 견지하고 있는 가치는 어느 경우에나 같은 것이 아니다)를 설명해 준다는 사실에 대해 논할 수 있을 것이다. 그리고 우리는 이것을, 본질적으로 인격적인 신과의 개인적인 교제로부터 필연적으로 수반되는 고상한 삶의 훈련으로 단련된, 높은 이상을 지닌 사람들에게 있는 자연적인 통찰력과 이해력에 대한 지나친 자극으로서의 영감의 개념과 결부하여 생각할 수 있을 것이다. 마지막으로, 우리는 위대한 히브리 성서 기자들의 특징이었던 최고의 영감은 주로 건실하고 엄격한, 그러나 당시로서는 인간적이었던 그들의 생활 규범, 도덕 및 종교적인 문제들에 대한 그들의 강렬한 관심 집중, 그리고 신과의 깊은 교제 체험에 의해 조건지워졌다고 주장할 수 있을 것이다.

하나님의 인도하심

"지금까지 당신이 묘사한 환상들은 신학적인 문제들에 답을 제공하고 있습니다. 당신은 환상 중에서, 다음에는 무슨 일을 해야 하는가와 같은 실제적인 문제들에 대한 해답을 받은 적이 있습니까?"라는 우리의 질문에 선다 싱은 다음 이야기를 해 주었다.

"한번은 히말라야를 여행하면서 람푸르Rampur를 향해 길을 가기 시작했다. 길이 두 갈래로 갈라진 곳에 이르게 되었는데, 어느 길로 가야할지 알 수가 없었다. 한 쪽 길을 택하여 한참을 간 후에야 길을 잘못 들어섰다는 걸 알게 되었다. 되돌아가기에는 너무 먼 거리였다. 피곤하여 지친 나는 인근 날토라Nalthora는 마을로 갔다. 그 마을의 한 상점 주인이 나에게 손짓을 하여 다가가자, 그는 내가 힌두교의 산야시인 줄 알고 손에 들고 있던 힌디어 신약 성서를 감추었다. 잠시 대화를 하고난 후에 그는 '예수 그리스도에 대해 어떻게 생각하십니까?'라고 질문했다. 내가 '그분은 나의 구주이십니다'라고 말하자, 그는 아주 기뻐하면서 '길을 잘못 들어 이곳까지 오게 된 것은 걱정하지 않으셔도 됩니다'라며 이런 말을 하였다. '나는 얼마동안 이 복음서들을 공부해 왔는데, 어려운 내용과 의문점들이 너무 많았습니다. 그래서 나는 이것을 분명하게 이해할 수 있도록 사람을 보내 달라고 주님께 기도해 왔는데, 내 기도에 대한 응답으로 당신을 이곳으로 보내 주셨습니다.' 그래서 우리는 밤늦게 까지 그리스도에 대해 대화했으며, 다음날에도 그렇게 시간을 보냈다. 마침내 그의 의심은 말끔히 가시게 되었으며, 그는 그리스도를 믿고 세례까지 받았다. 우리가 자신을 하나님께 맡기면 그는 이렇게 우리를 인도하신다. 우리는 길을 잘못 들었다고 생각하지만 하나님께서는 우리를 필요한 곳으로 인도하셔서 사람들의 영혼을 구원하신다."

그러나 이 이야기는 우리의 질문에 대한 대답에는 빗나가는 것이었기에, 그에게 재차 질문하여 보다 적합한 말을 듣게 되었다.

"나는 가끔 이러 이러한 일을 하면 어떠할지 하나님께 묻곤 했다. 그러나 나는 내일 일을 염려하지 말라는 말씀을 들었다. 내일 일은 우리의 선하신 성부의 장중에 있는 것이다. 나는 그것을 염려하지 않고 현재 주어진 일을 할 뿐이다. 어쩌면 24시간 후에 죽게 될지도 모른다. 그러면 천국에서 만난 영들이 나를 맞이하여 그곳으로 인도해 줄 것이다. 사도 바울과 같이, 나의 소원은 세상을 떠나 그리스도와 함께 있는 것이다. 그러나 내가 여기에 머물러 있기를 바라는 것은 내 도움이 필요한 사람들을 위해서이다."

"임종할 때 천국의 성도들을 만나는 것은 놀라운 일일 것이다. 엑스타시 중에 자주 만났던 사랑하는 친구들도 와서 나를 데리고 그곳으로 인도해 줄 것이다. 런던에서 친절한 친구들이 나를 안내해 주었기에 길을 잃지 않았듯이 말이다."

죽음이라는 특별한 문제와 주로 관련이 있는 이 답변도 우리가 모색하는 정보를 제공해 주지는 못한다. 그러나 우리는 선다 싱이 기도의 응답으로 받는 인도하심에 크게 의존하고 있는 한, 그러한 인도하심이 엑스타시 상태의 명확한 지시를 통해 대다수 서양 신비가들에게 주어진 것 이상으로 그에게 주어지진 않으리라 확신한다. 이것은 그가 한 말 중에 사소한 내용들에서도 나타나곤 하는데, 언젠가 우리가 그에게 "어떻게 하나님의 뜻을 찾아내십니까?"라고 질문한 데 대해 그가 답변한 다음 말에서는 분명하게 나타나는 것으로 보인다.

"하나님과 함께 사는 사람들로서는 하나님의 뜻을 아는 것이 별로 어렵지 않다. 하나님과 함께 하는 시간을 거의 갖지 못하고, 주로 세상의 일들에 신경을 쓰는 기독교인들은 갈피를 잡지 못하고, 그들 자신의 신념과 감정 혹은 상황으로써 하나님의 뜻을 찾을지 모르나, 하나님과 함께 사는 사람들은 이러 이러한 것이 바로 하나님의 뜻이라는 확고한 신념이 있다. 그들은 성부를 사랑하고 알기에 그의 뜻을 안다."

우리는 그에게 하나님의 뜻이라고 생각했다가 나중에야 그것이 자신의 뜻이었다는 것을 알게 된 적이 있는지에 대해 물었고, 이에 그는 이렇게 대답했다: "아니오. 나는 14년 전에 성부의 뜻이라는 확신 아래 사두가 되었는데, 지금도 나는 그것이 성부의 뜻이라고 믿고 있다."

교회의 권위

중세의 신비가들은 자신들이 본 환상의 정통성과 가치를 판정받기 위해 그들의 고해신부에게 보고하곤 했다. 그리고 그것들이 하나님께로부터 온 것이라고 판정되면 출판할 수 있었으나, 만일 그것들이 사탄에게서 온 것으로 판정되면 침묵을 지켜야만 했다. 따라서 우리는 성자에게도 이런 질문을 할 수 있었다: "만일 당신이 환상 중에 들은 것들이 교회의 전통적인 교훈과 모순된다면 어느 권위를 선택하겠습니까?"

"교회에는 교회의 스승들이 말한 것들에 대해 최종적인 권위를 부여할 수 있을 정도로 깊은 영적 체험을 한 사람들이 많지 않다. 그래서 나는 직접 하나님께 향한다. 사도신경은 '성도들의 교제'라고 말한 것에서 볼 수 있듯, 영적 체험을 한 사람들이 만든 것이다. 그러나 지금은, 그것을 되풀이 하여 말하는 사람들이 그들처럼 풍부한 체험을 하지 못한 사람들이다. 나에게는 엑스타시 중에 계시가 교회의 전통보다 더 중요하다. '교회교'Churchianity 와 '기독교'Christianity 는 다르다. 존 웨슬리와 부스 장군General Booth 은 교회에 반대하여 하나님의 인도하심을 따랐는데, 그들이 옳았던 것으로 판명되었다. 그러나 모든 사람들이 다 신비가인 것은 아니다. 그러므로 대다수를 위해서는 교회 전통의 권위가 필요하다. 로마 가톨릭이 한 쪽으로 치우친 것처럼, 개신교도 역시 한 쪽으로 치우쳤다. 교회의 일원이 되는 것으로 충분한 것이 아니라 그리스도의 일원이 되어야 하는 것이다."

엑스타시에 도사린 위험들

"엑스타시가 당신에게 중요한 것이라면, 일반 기독교인들에게 그것을 얻기에 노력하라고 권고하는가?"

"아니오. 모든 사람들에게 적합한 방법으로는 기도와 명상이 있다. 어떤 사람이 그에서 더 나아가는 것은 하나님의 뜻으로, 그 길은 하나님께서 인도하신다. 그렇지 않다면, 단순한 기도의 단계에 머무는 것으로 만족해야 한다."

"지금은 그렇지 않지만, 수년 전에는 엑스타시에 빠지기 전에 이 귀로 음성을 듣고(영계의 영적 언어로 들은 것이 아니라), 빛을 보거나 음악을 듣곤 했는데, 이것이 사탄이나 악령들에 의해 생긴다는 것을 알게 되었다. 어떤 때는 그것이 날카로운 바늘로 나를 찌르는 듯 했다. 그리고 그때 본 빛은 진정한 빛이 아니었다. 내가 생각하기로는 사람의 마음속에 그러한 체험이 하나님께로부터 온 것인지 아닌지를 본능적으로 알게 하는 무언가가 있는 것 같다. 하여튼 나는 이것들이 하나님께로 온 것이 아니라고 느꼈다. 그 음성을 듣는 순간, 그것이 그리스도의 음성이 아님을 알아차렸다. 양은 주인의 목소리를 듣고 그를 알아본다. 마리아는 그녀가 동산에서 본 사람이 동산지기인 줄 알았으나, 그분이 말씀을 시작하자 곧 그분이 그리스도이심을 알아차린 것 같다. 어떤 때는 일종의 열기를 느꼈으나 그 속에 기쁨이 없었기에, 나는 이러한 체험이 내가 진정한 엑스타시에 빠지는 데 방해가 되는 것임을 알게 되었다. 사탄은 단지 속이기도 며, 분명히 말하기도 한다. 어느 때는 '너는 잘못되었다, 이것은 그 길이 아니다, 너는 진리를 떠났다, 너는 죄인이다, 구원받을 수 없다'고 말하기도 하는데, 이런 말을 들으면 마음이 어지러워진다. 그럴 때는 주님께 그 열기와 속삭임, 전율, 찔림이 그치게 해달라고 기도했다. 그리고 '이것들은 사탄에게서 온 것이고, 이 다른 것(즉 그 후에 오는 진정한 엑스타시)은 그것을 그치게 하신 주님에게서 온 것'임을 기억했다."

"그리스도와 밀접하게 생활하지 않는다면, 이 예비 단계에서 속아 넘어가기에 충분할 것이다. 심지어는 기독교인이나 다른 종교의 예언자였던 진실한 구도자들조차도 이렇게 속아 넘어간다. 이리하여 거짓 종교들이 일어나게 되었다. 그 종교의 설립자들은 악마의 음성을 듣고 있음에도 불구하고 신의 음성을 듣고 있다고 생각하였다. 그러나 만일 그들이 이 예비 단계의 목소리를 무시하고 계속 정진하였더라면, 진정한 엑스타시에 이르게 되었을 것이다. 신비가들, 특히 초보자는 이런 점들에 특히 주의해야 한다. 세상 속에서 살아 온 사람들은 이전에 그런 것들을 전혀 보지 못했기에 자연히 이런 체험들을 대단하게 생각한다. 그러나 그것들은 사탄이나 혹은 저급한 영계의 영들에게서 오는 것이다."

여기서 선다 싱은 그 전철을 밟는다는 것은 어리석은 일임을 암시하며, 살아 있거나 이미 죽어버린 어느 신지학자theosophist들과 다른 유명한 사람들—거짓 영들에게 속아 넘어간 것으로 그가 믿는—을 언급하였다.

"이 영들은 미래에 대해 많이 알지는 못한다. 인도에서는 우리가 몇 주 후에 날씨가 어떨지 예견할 수 있듯이, 저급한 영들도 사물의 흐름에 대한 그들의 초월적 지식으로 얼마 후의 일들을 예견할 수 있어 이것으로 사람들을 속인다. 하나님의 영감을 받은 환상가들은 수 년 후의 일들까지도 예견할 수 있는데 이것은 전혀 다른 것이다."

"강신술사들이 접촉하는 영들은 저급한 영들이다. 그런 영들로부터 강신술사들은 흥미 있는 것들을 알 수 있을지는 모르나 궁극적으로는 그 영들에게 속게 된다. 그들이 가르쳐 주는 것들은 아흔 아홉이 사실일지라도 하나는 거짓된 것이다. 그리고 점점 그 거짓된 것들의 비율이 높아지고 진실된 것들의 비율이 낮아져서, 마침내 사람들을 무신론이나 다른 거짓된 입장으로 인도한다. 진정으로 영적인 사람들의 마음속에는 저급한 세계의 영들이 그에게 말하는 것들에 대해 본능적으로 거부감을 느끼게 된다. 흥미 있는 것들만을 추구한다면, 진정으로 고상한 영적 세계에 이르지 못하게 된다."

가톨릭의 신비가들은, 만일 당신이 환상을 보길 원한다면 그것들을 보게 될 것이라고 거듭 주장하지만, 그것들은 하나님에게서 오는 것이 아니라 마귀에게서 오는 것이다. 우리가 이미 살펴보았듯이, 선다 싱의 입장도 이와 같다. 그것을 추구하는 데도 정도의 차이는 있으나, 이 문제에 대한 현대 심리학의 가르침은 그것을 갈망하지 않는 것이 바람직하다는 것이다.

고대 및 현대의 신지학Theosophy이나 강신술spiritualism의 역사에서 볼 수 있듯이 특별한 기질의 사람들에게 있어서는 의식적으로나 우연히 황홀경에 빠져 우주와 존재의 영역들, 그리고 내세의 본질 등에 대한 이상한 정보들로 가득한 환상을 보는 것이 매우 쉬운 일이다. 그러나 어쨌든 그러한 형태의 환상들은 주로 그들이 깨어 있을 때의 생각과 경험들 및 취미와 연구에서 오는 것들이다. 즉, 그 내용의 지적 및 영적인 질은 그가 가지고 있는 정신의 질에 좌우된다. 정확한 사고의 훈련이 되어 있지 않고, 실제 생활에서 엄격하고 고상한 이상에 대한 훈련이 되어 있지 않은 정신이 진부하며 감상적이고 기괴한 모습으로 환상에 나타나는데, 그 형식은 그들이 좋아하는 문헌이나 명상에 의해 암시된다. 그리고 환상으로 이러한 것들이 심각하게 다루어져 특정인의 초자연적 지식을 증명하는 것이 되거나, 더 나아가 그를 부추기는 사람들의 집단이 형성되면 더욱 정교한 공상을 하게 되기도 한다. 그렇게 되면, 허영에 도취되어 방탕한 길을 가고 있음을 깨닫기도 전에 그는 비밀 종교집단의 설립자나 사내가 되고 만다.

꿈과 환상을 불신하는 데는 또 다른 이유가 있다. 현대 의료 심리학에 따르면, 꿈이란 정신의 무의식적 영역에까지 침투한 사고와 감정의 표현이다. 어떤 꿈은 사고와 감정이 무의식에 깊이 침투한 의식적 자아conscious self의 고상한 관심과 관계된 사고와 감정의 표현일 수 있다. 그러나 가끔씩 꿈은 전혀 다른 이야기가 되기도 한다. 우리가 깨어 있는 동안에는 호랑이 같은 요소와 원숭이 같은 요소가 양심, 훈련, 사회적 관례로 인하여 어느 정도 통제된다. 그러나 꿈은 우리 모두의 내면에 도사리고 있는 이기심과 육욕 및 비겁함의 자유시간이 된다. 꿈의 상징의 메커니즘은,

이 감추어진 열정들이 스스로 그 표현 방법을 찾고 있는 동안 의식적인 인식으로부터 그들의 진정한 본성을 위장할 수 있게 해 준다. 그리고 이런 위장은 최근의 심리학적 연구들을 오랫동안 주의 깊게 공부해 오지 않은 사람들도 신빙성 있는 것으로 간주하지 않는 교묘함과 교활함에 상습적인 영향을 받는다.

우리가 꿈을 꿈으로만 간주하는 한, 이것은 문제가 되지 않는다. 실로 꿈은 그러한 배출구가 없다면 깨어있는 상태에서 말이나 행동으로 집요하게 자신을 표출하려고 하는 열정을 사람으로 하여금 해가 없는 공상 속에서 제거할 수 있게 하면서, 종종 지대한 가치에 대한 일종의 안전 가치가 된다는 사실은 그럴 듯하다. 그러나 꿈을 계시의 통로로 간주한다면 사정이 달라진다.

성자와 같은 사람은 사색과 기도 및 그리스도를 위해 기꺼이 고통 받는 삶을 살아왔으며, 그로 인해 그는 마음과 영혼의 가장 깊은 곳까지 개조되었다. 그의 내면에는 잠재의식과 의식이 똑같이 온전히 주님께 집중되었다. 그의 속에서는 호랑이 같은 요소와 원숭이 같은 요소가 모두 정복되었다. 더욱 중요한 것은 엑스타시적인 황홀경에서조차 그의 정신과 영혼이 온전히 그리스도를 향하고 있다는 것이다. 그러므로 그에게는 일상생활에서와 같이 엑스타시 중에도 사고와 표현의 메커니즘이 그리스도로 통제되고 있다.

그에게 있어 엑스타시는 아무 위험도 없는 것일 뿐 아니라, 실제적으로 유익을 주는 것이기도 하지만, 우리에게 있어서는 그렇지 아니하다. 우리가 따라 걸어야 하는 빛은, 기도 및 명상과 더불어 의식적인 사고의 빛이다. 간편한 황홀경에서 얻어내는 그럴듯한 환상이나 계시는, 그것이 우리 자신에게서 나온 것이든 아니면 다른 사람에게서 나온 것이든

간에 그것을 사모하는 것은 잘못이며, 그것을 추구하면 정신착란을 일으키게 된다.

한번은 마호메드의 종이었던 사이드$_{Said}$가 그의 스승에게 와서 그가 체험한 엑스타시에 대해 열심히 설명했다는 이야기가 있다.

> 그 순간
> 모든 과거와 미래의 영원이
> 거대한 현재로 모이고
> 우리의 이해는 그것을 보고 놀란다.
> 사람들이 구름을 보는 곳 구층천에서
> 나는 신의 보좌를 응시한다.
> 모든 천국과 지옥의 모습이 내게 보이고
> 모든 인간의 운명도 보인다.
> 그 천지가 눈 앞에서 사라지고
> 死者들이 일어난다.
> 나는 온 세상의 베일을 찢어버리고
> 천국의 중앙에 앉아 태양처럼 빛난다.
> 그 때, 예언자가 말하였다.
> "친구여, 그대의 말은 이미 헐떡이고 있으니
> 더 이상 박차를 가하지 말지어다.
> 그대 가슴에 있는 거울은 육체의 껍질을 빠져나왔나니
> 이제 그것을 간직할지어다.
> 그렇지 않으면 해를 받으리니,"

제6장
고통과 죄와 심판

업(業)

고통, 죄, 심판에 관한 성인의 가르침의 독창성의 정도와 그 중요성은 전통적인 기독교 교훈을 지배하고 있는 하나님의 진노라는 개념과 힌두교의 업業 Karma 교리와의 상관관계에서 보아야만 한다.

성인은 응보를 확실히 믿는다. 그러나 그는 이것을 천국의 삶에 부적당하여 징벌을 받는 불가피한 인격의 타락과 내적인 필요성에 의해 야기되는 본성으로 여긴다. 그는 그것을 하나님의 진노의 표현이라 보지 않는데, 그 이유는 그에게 있어 하나님은 전적으로 그리스도 안에 나타나신 분이기 때문이다. 그리고 그는 '예수 그리스도는 누구에게도 분노하지 않으신다'는 말씀을 상기시킨다.

"인간이 죄를 선택했기 때문에, 그들은 그 죄악 속에서 반드시 죽습니에 있다. 하나님이 이 죽음을 가져오신 것은 아니다. 하나님은 아무도 지옥으로 보내시지 않는다. 죄를 지은 사람 스스로가 자기에게 이러한 징벌을 하는 것이다. 가룟 유다의 경우를 보면, 그가 예수를 배반했을 때 빌라도나 대제사장, 그리고 우리의 사랑하는 구주와, 사도들 그 아무도 그를 목매달지 않았다. 그는 스스로 목매달아 자살한 것이다. 그는 그의 죄악 가운데서 죽었으며, 이것은 죄악 속에 산 그의 마지막 모습이었다."

그러나 하나님의 사랑은 언제든지 응보의 과정에 개입하여 그것을 막을 준비가 되어 있다. 그러나 하나님께서는 단지 형벌의 사면이라는 임의적이고 외적인 용서로 이런 효력을 발휘하시진 않으신다. 하나님께서는 인간의 마음을 변화시키심으로써, 죄에 뿌리박고 있는 도덕적 질병을 치유하신다. 인간은 회개하기만 하면 된다.

업業의 교리는 지금 개인이 당하는 모든 슬픔과 불운, 타락, 그리고 질병과 같은 것들이 전생前生의 죄에 대한 정확하고 공정한 응보라고 가르친다. 이것은 인과응보의 법칙에 따른 것이다. 그리고 이 법칙에 의해 우리가 살면서 지은 모든 죄는 우리가 이 땅에 다시 태어나게 될 때 공정하게 보응받을 것이라 한다. 그러므로 이러한 교리는 필연적으로 그 어떠한 죄의 용서도 허용하지 않게 된다.

인과응보因果應報는 자동적인 것이며 하나님의 진노에 의한 것이 아니라는 선다 싱의 주장은, 그의 하나님의 사랑에 대한 열정적인 이해에 의해 고무된다. 그의 이러한 주장은 요한복음의 구절들에 의해 뒷받침 된다. 그 구절들은 요한복음의 지배적인 사상이긴 하지만, 선다 싱이 업의 교리에 익숙하지 않았다면 그것을 그렇게 쉽게 발견할 수는 없었을 것이다. 만약 이것이 사실이라면, 이것은, 웨스트코트Westcott가 예언한 것처럼, 인도가 회심을 하게 되면 요한복음의 해석에 새로운 전기를 가져올 것이란 말의 한 작은 실례가 될 것이다. 그러나 인과응보의 개념에 있어서, 선다 싱의 교리와 카르마 개념 사이에는 아주 미묘하고 중요한 차이가 있다. 성자에게 있어서 인과응보는 내적 변화의 결과이며 인격과 유기적인 관계를 맺고 있는 것인 반면, 업 사상은 전적으로 외적인 상황에 의존하는 것이기 때문이다.

하지만 성자로 하여금 인도의 인과응보 개념을 차용하도록 한 그리스도의 사랑에 대한 확신은 성자로 하여금 업보교리의 다른 면들, 특히 용서의 가능성을 부정하고 고통을 필연적인 형벌로 여기는 것과 같은 교리들을 단호히 거부하게 했다. 이중에서도 그는 고통의 개념에 대해서 더 자주 반대하는데, 이것은 욥기와 우리 주님의 가르침에도 불구하고 대중적인 기독교에는 그러한 개념들이 만연되어 있기 때문이다. 여기에서 그는 또 다시 요한복음의 권위에 호소한다: "이 사람이나 그의 부모의 죄가 아니라, 그에게서 하나님의 하시는 일을 나타내고자 함이니라."

그러나 여기에는 그의 십자가의 철학도 포함되어 있다. 모욕과 학대, 그리고 육체적인 고통을 참는 것은 그리스도의 십자가를 나누는 것이다. 분개하지 않고 그것들을 고귀하게 참는 것은 그리스도의 인격을 본받고, 그렇게 함으로써 그의 말씀과 그의 권능을 조용히 선포하는 것이다. 그러므로 성인에게 있어 고통이란 형벌이 아니다. 그것은 때때로 치료약일 수도 있고, 언제나 새로운 기회가 되는 것이다.

고통

"하나님은 사랑이시기에, 누구를 벌하려 하지 않으신다. 나는 아픔과 불행이 징벌이라고 생각하는 사람들의 의견에 반대한다. 그것은 오히려 '사랑의 매'라고 할 수 있다. 한 의사는 내게 그의 이러한 경험을 이야기해 주었다. 아기는 태어나기 전에는 숨을 쉬지 못하고 태어나자마자 숨을 쉬게 된다. 이때 아기는 반드시 울어야 하는데, 만일 아기가 울지 않으면 그의 허파가 수축되어 죽게 된다고 한다. 아기가 태어나 울지 않으면 몇 분 내에 곧 죽게 된다고 한다. 그래서 간호사가 아기를 때리는 것이다. 어머니로서는 '저 간호사가 나를 도와주러 와서는 내 아들을 죽이는구나. 아기가 태어난 지 몇 분도 되지 않았는데 아기를 때리다니'라고 생각할 것이다. 하지만 아기를 때리는 것은 울게 하기 위한 것이며, 아기가 울면서 숨을 쉬게 된다. 하나님이 우리에게 사랑의 매를 때리시는 것도 이와 같은 것이다."

"언젠가 산을 내려오다가 나는 어느 집 현관에 앉아 있었다. 이때 강한 바람이 불기 시작해, 작은 새 한 마리가 이 바람에 힘없이 날려 왔다. 다른 쪽에서는 매 한마리가 그 새를 잡아먹기 위해 급강하하고 있었다. 두 방향에서 닥쳐오는 위험에 직면한 그 작은 새는 내 무릎 위로 떨어졌다. 이 새는 인간에게 다가오기를 결코 좋아하지 않지만, 위기의 순간에 나를 피난처로 삼았다. 그와 같이 고통의 강한 바람은 우리를 하나님의 무릎으로 이끄는 것이다."

"나는 카라치에서 해수욕을 하고 있었다. 나는 나도 모르는 사이에 먼 바다로 나가 버렸다. 나를 향해 휘몰아치는 벽과 같은 큰 파도를 보고, 나는 겁에 질려 하나님께 기도를 드렸다. 그러자 파도는 나를 안전하게 해변으로 데려다 주었다. 나는 해변으로 돌아가는 것이 불가능하리라고 생각했었다. 파도 속에 묻혀 죽을 것만 같았다. 하지만 파도는 나를 삼키지 않고 해변으로 안전하게 이끌어 주었다. 고통이란 우리에게 그와 같은 것이다."

"언젠가 여행을 하면서 양치기를 만난 적이 있다. 그는 항상 소들을 강 건너로 몰고 가서 저녁때까지 그곳에서 풀을 뜯게 한 후, 다시 강을 건너오곤 했다. 그날 저녁, 암소 한 마리와 송아지 한 마리를 빼고는 다른 소들은 모두 강을 건너갔다. 그러나 그 두 마리 소는 강을 건너려 하지 않았다. 양치기는 그 놈들을 그곳에 그대로 내버려둘 경우, 밤새 야생 짐승들에게 잡아먹힐 것을 우려하여 그 소들을 강 건너편으로 옮기려 했지만, 아무런 소용이 없었다. 건초로 소들을 유인하려 했으나 그것도 소용이 없었다. 나는 그에게 '송아지를 데리고 먼저 강을 건너가시오. 그러면 암소가 당신을 쉽게 따라갈 것입니다'라고 말해 주었다. 그가 송아지를 데리고 강을 건너자, 암소도 그를 따르게 되었다. 이처럼, 우리가 주님께 다가가려 하지 않을 때, 하나님은 우리에게서 사랑하는 이들을 데리고 가버리신다. 그래서 우리는 사랑하는 이들이 가있는 하늘나라를 구하게 되고, 그들을 위해 우리 자신을 준비하게 되는 것이다."

위의 마지막 이야기는 선다 싱이 그토록 자주 애정어린 목소리로 말하곤 하던 그의 어머니의 죽음에 대한 기억으로 생각하게 된 것이며, 그의 종교적 추구도 그 영향을 받은 것이라 가정할 수는 없을까?

"슬픔과 불행으로 우리는 하나님께 가까이 가게 되며, 그를 올바로 섬기게 된다. 많은 사람들이 불행을 죄에 대한 징벌일 뿐이라고 생각한다. 그러나 우리가 겪는 고통과 그것을 참아내는 것은 하나님께 봉사하는 훌륭한 방법이며 그에게 영광을 돌리는 효과적인 방법이다."

"불쌍한 나사로의 경우를 살펴보자. 그는 상처 투성이었으나, 그것이 그의 죄의 결과라는 말은 듣지 않았다. 만일 그것이 죄의 결과였다면, 그는 아브라함의 품에 들어가는 특권을 누리지 못했을 것이다. 그의 상처들과 그가 그것을 참았던 방법들은 다른 사람들에 대한 위대한 설교가 되었다. 그의 이러한 봉사로 인해 많은 사람들이 하나님을 찬양하게 되었다."

"그러나 어떤 이들은 '그건 아주 좋다. 그러나 왜 하나님께서는 자신이 영광을 받으시기 위해 죄 없는 사람들을 괴롭히는가?'라고 말한다. 하지만 짧은 고통의 기간 후에 하나님께서 주시는 보상을 생각해 보아야 할 것이다. 하나님은 '나는 십자가를 졌고, 너 또한 십자가를 졌다. 이제 내가 세상을 다스리니 너도 나와 함께 다스리게 될 것이다'라고 말씀하실 것이다."

"윤회에 대한 힌두교의 교리는 고통의 문제를 해결하려는 시도이지만 흡족한 설명이 되지 못한다. 만일 이승에서 한 사람은 왕족이고 다른 사람은 노예라면, 윤회사상으로 이것은 그 왕족은 전생에 좋은 사람이었으며, 노예는 나쁜 사람이었기 때문으로 설명된다. 이 교리에 대해 어떤 왕족은 '손가락을 심하게 긁히면 그 상처는 분명하게 보인다. 그러나 뼈가 부러져도 겉으로는 아무렇지도 않게 보일 수가 있다. 내가 위엄과 사치 속에서 사는 것처럼 보인다고 해도, 내 인생은 불안과 부담으로 가득한 연속일 뿐이다. 노예는 걱정할 것이 하나도 없다. 나는 분명히 전생에 죄를 지었을 것이며, 노예는 분명히 성자였을 것이다'라고 비판했다."

"주님, 주님께서 이전에 우리로 하여금 당하게 하신 기쁨과 고통들, 그리고 지금의 기쁨과 고통들을 인하여 당신을 찬양합니다. 주님의 십자가를 지는 것은 우리에게 달콤한 천국의 축복이 됩니다. 고통을 감내하지 못한 사람은 그 기쁨의 실재를 알지 못합니다."

죄

"어느 날 나는 바위 위에 앉아 있었다. 나는 밑에서 새 한 마리가 이리저리 천천히 깡총거리며 뛰어다니는 것을 보았다. 나는 몸을 구부려 무슨 일이 일어나는지 관찰했다. 뱀이 그 마력적인 눈으로 새를 호리고 있었다. 뱀의 마력에 이끌려 그 새는 아무것도 모른 채 뱀 가까이 다가 갔다. 뱀은 그 새가 바로 가까이에서 달아나지 못한다는 것을 알고는 이내 그 새를 잡아먹어 버렸다. 멀리 있었을 때는 그 새가 달아날 수도 있었을 것이다. 이와 같이 사탄은 유혹과 쾌락으로 우리를 잡아끌려고 다. 그에게서 벗어나는 길은 단 한 가지, 사탄에게 마음을 돌리는 대신, 우리는 우리의 마음을 하나님께 고정시키는 것이다."

"나는 '하나님께로서 난 사람마다 죄를 짓지 않는다'라는 말로 혼란을 느끼곤 했는데, 이제는 그 말을 이해할 수 있다. 죄란 보통 쾌락을 얻으려는 욕망의 결과이다. 그러나 하나님을 사랑하는 사람은 그 속에 깊고 마르지 않는 기쁨의 샘을 가지고 있기에, 다른 쾌락으로 끌리지 않아 죄를 짓지 않게 되는 것이다. 하나님의 나라를 소유한 사람은 금화를 가진 사람이 청동화를 필요로 하지 않는 것과 같다."

"어느 마을에 소녀가 한 명 살고 있었다. 그녀는 매일 그녀의 방에 있는 거미줄을 제거했는데, 하루는 이런 일을 하는 동안 자신에게 생각이 미쳐 이렇게 기도를 드렸다. '주님, 내가 방을 청소하는 것처럼, 주님께서는 내 속에 있는 죄를 말끔히 씻어 주시옵소서.' 그러자 공중에서 이런 소리가 들려왔다. '얘야, 매일 거미줄을 청소한다고 해서 그것이 무슨 소용이 있겠니? 거미줄을 치는 거미를 없애는 것이 더 낫단다. 거미를 없애면 더 이상의 거미줄도 없게 될 것이 아니냐.' 이처럼 우리가 매일 매일의 죄를 용서받는 것으로는 충분하지 않다. 사도가 말한 것처럼 우리 안에 있는 옛 사람이 죽어야 한다."

"로마 가톨릭은 용서의 선언에 있어서 죄의 용서를 많이 다룬다. 그러나 죄의 뿌리가 되는 질병은 여전히 살아 있다."

"죄는 그저 하나의 질병일 뿐만 아니라 전염병이다. 그러나 의의 태양이 그 균을 비추면 곧 죽어버리게 된다."

우리는 사두에게 죄를 참회하는 사람이 계속 그들의 죄를 생각하면서, 언제나 새롭게 다시 회개해야 하는지에 대해서 물었다.

"하나님이 여러분의 죄를 용서하시든 용서하지 아니하시든, 그것에 대해 생각할 필요는 없다. 구원이란 죄의 용서가 아니라 죄로 부터의 자유이다. 시킴Sikkim에 정신착란증에 걸린 폐병환자가 한 명 있었는데, 그의 침대 곁에는 몇 개의 과일과 칼이 놓여 있었다. 어느 날 한 친구가 그를 방문했는데, 그만 그 환자는 부지불식간에 칼로 친구의 숨통을 잘라 버렸다. 이로 인해 그는 어느 날 오후 5시에 교수형에 처해지게 되었다. 그의 친구들과 친척들이 왕에게 가서 그는 이 행동에 책임을 질 수 없는 사람이므로 그를 용서해 달라고 간청했다. 그러나 그들이 돌아왔을 때는 그가 이미 폐병으로 죽은 후였다. 그의 범죄는 질병으로 인한 것이었다. 그는 죄 용서함은 받았으나, 그 죄의 뿌리가 되는 질병은 치유 받지 못했다. 그것이 바로 주님께서 '너는 네 죄 가운데서 죽을 것이다'라고 말씀하시는 이유이다. 하나님께서 여러분을 죽이시는 것이 아니라, 죄의 뿌리가 되는 질병이 그와 같이 활동하고 있는 것이다."

"우리가 죄인이라고 느끼는 것은 건강하다는 신호이다. 그것을 느끼지 못하는 것이 위험한 것이다. 한번은 수틀레즈 강에서 목욕하면서 물 속 깊이 잠수해 들어갔다. 머리 위에는 엄청난 양의 물이 있었으나 그것을 전혀 느끼지 못했다. 그런데 둑에 돌아와서 물 항아리를 들어 올리려니 대단히 무거웠다. 물속에 있을 때는 물의 무게를 전혀 느끼지 못했던 것이다. 이와 마찬가지로 죄 속에 사는 한, 사람은 자신이 죄인이라는 것을 느끼지 못한다."

"석탄은 검다. 우리는 석탄에서 그 검은색을 없애지 못한다. 아무리 많은 비누를 사용한다 해도, 그 검은색을 지우지는 못한다. 그러나 그것을 불 속에 집어넣으면 검은색이 없어지고 석탄은 밝게 타오르게 된다. 우리의 마음을 그리스도께 드리는 순간에 우리의 삶 속으로 들어오시는 성령의 불세례를 받을 때, 우리 죄인은 세상 앞에 밝게 타오르게 된다. 이것이 바로 '너희는 세상의 빛이다'라는 말씀의 의미인 것이다."

"우리가 계속 죄 가운데 머물러 있으면, 우리 영혼의 눈인 양심이 눈멀게 된다."

"어두운 동굴 속에서 명상을 하며 수 년 동안 티베트 수도승을 만나본 적이 있다. 밖으로 나온 그는 아무 것도 볼 수 없었다. 그의 눈은 희미하고 노랬다. 일본에서 인도로 돌아가는 길에, 나는 한 과학자를 만났다. 그는 눈먼 물고기 몇 마리를 담은 항아리를 가지고 있었다. 매우 아름답지만 눈이 없었다. 단지 눈이 있었다는 흔적만 있었을 뿐이었다. 그들은 어둠 속에서 살며 눈을 사용하지 않았기에 시력을 잃어버리게 되었던 것이다."

"한번은 히말라야에서 독초를 먹고 삼일 동안 혀가 마비된 적이 있었다. 그 때는 아무것도 맛을 느낄 수가 없었다. 이처럼 하나님에 대한 맛을 잃어버릴 수가 있는데, 죄의 독 있는 과일을 먹음으로써 양심을 잃게 되는 것이다."

"한번은 악취가 나는 오물통을 한 손에 들고, 다른 손으로는 음식을 먹는 청소부를 본 적이 있다. 나는 거의 구토할 지경이었으나 그 청소부는 그것이 습관이 되어 있었다. 이처럼 우리가 세상의 죄와 악에 습관을 들이게 되면, 그것에 대해 아무런 문제점도 느끼지 못하게 된다. 그러나 청소부가 지나갈 때 느낀 것처럼, 예수께서도 우리 가운데서 그것을 느끼셨을 것이다. 따라서 예수 그리스도의 고난을 그의 십자가에 한정시키는 것은 잘못이다. 예수께서는 십자가에 33년 동안이나 계셨던 것이다."

회개

"나는 몇 사람과 함께 히말라야를 여행한 적이 있었다. 그런데 일행 중 한 사람이 몹시 갈증을 느끼기 시작했다. 높은 곳에 이르렀을 때 우리는 늪지 중앙에 물이 조금 있는 것을 보았다. 이 젊은이가 그곳으로 가서 물을 마시려 하자, 그곳을 자주 다니던 그의 동생이 이렇게 말했다. '그곳에 한번 들어가면 빠져나오지 못합니다. 지금까지 그곳에 들어갔던 사람들은 모두 진흙 속에 빠져 죽었습니다. 조금만 더 가면 마을이 하나 있는데, 그곳에선 마음껏 물을 마실 수 있을 겁니다.' 우리도 그에게 그곳에 들어가지 말 것을 종용했으나, 그 젊은이는 '이곳에는 진흙이란 없어, 아침이니까 물이 얼었을거야' 라며 물을 향해 걸어갔다. 그리고 그는 물을 마실 수가 있었다. 그러나 그가 되돌아 나오려 하자 발이 진흙 속으로 빠지기 시작했다. 빠져 나오려고 몸부림치면 칠수록 더욱 깊이 빠져 들어갔다. 처음에는 허리까지 빠졌으나 곧 목까지 잠기게 되었다. 그렇다고 우리가 그를 구해낼 수도 없었다. 밧줄도 없었을 뿐만 아니라 누군가가 그를 구하기 위해 들어가면 그도 함께 빠져 죽을 것이기 때문이었다. 그는 위험을 알고 있었으면서도, 그렇게 죽게 된 것을 생각하고 울부짖기 시작했다. 그렇다고 어쩔 도리가 있겠는가? 그는 죽고 말았다. 많은 사람들이 세상에 있는 것들로는 영혼의 만족을 얻을 수 없다는 것과 그것들은 위험한 것임을 알고 있으면서도 그것들을 사랑한다. 그 결과는 멸망임이 확실하다. 우리는 우리의 마음을 이 세상이 아닌, 우리의 갈증을 축여 주실 수 있고, 또한 생명도 주시는 그분께로 향하게 해야 할 것이다."

"티베트에 물이 없는 마을이 하나 있었다. 그 마을사람들은 2마일이나 떨어진 곳에 있는 샘에서 물을 길어 와야 했기에 몇 사람이 함께 웅덩이를 파기로 했다. 그들은 웅덩이를 파게 되면 빗물이 고여 멀리 물을 길러 가지 않아도 되리라고 생각했다. 비가 내리자 그들이 팠던 웅덩이에는 물이 고이게 되었다. 그러나 사람들은 여전히 멀리까지 물을 길러 갔으며, 어떤 이들은 그들을 미친 사람들이라고까지 했다. 우물을 판 사람들은 이제 별 힘을 들이지 않고도 물을 마시게 되었다. 그러나 그 웅덩이에는 독극물이 있었기 때문에 그 물을 마신 사람들은 모두 죽어버렸다. 비록 힘이 들지만 멀리서 물을 길어온 사람들은 죽지 않았다. 마찬가지로 주님을 사랑하고 이 세상을 미워하기란 힘이 들지만, 그것이 곧 생명의 길인 것이다."

"어느 날 한 사냥꾼이 사냥을 하러 나갔다. 물매로 쓰려고 가져갔던 돌이 다 떨어지자, 그는 나뭇가지에 앉은 새를 잡기 위해 옆에 차고 있던 아름다운 돌들을 던지기 시작했다. 그 돌들은 모두 강물에 빠지고 오직 하나만 남게 되었다. 사냥꾼은 그것 하나만은 아이의 장난감으로 주기 위해 그냥 집으로 돌아가기로 했다. 집으로 가는 도중에 사냥꾼은 그 돌 하나에 1천 루피나 주겠다는 다이아몬드 장사꾼을 만나게 되었다. 그러나 그는 그것을 팔려고 하질 않았다. 그러자 다이아몬드 장사꾼이 '앞으로 한 시간 반 동안 당신이 가져갈 수 있을 만큼의 돈은 다 가져가시오. 다만 그 돌만은 내게 주십시오'라고 사정하자, 사냥꾼은 그것을 팔기로 하고 한 시간 반 만에 두 부대의 돈을 집으로 가져갔다. 이제 시간이 얼마 남지 않게 되었을 때, 그 사냥꾼은 또 한 부대의 돈을 집으로 가져가면서 눈물을 흘리며 한탄했다. 그 모습을 본 사람들은 '당신 아주 미쳤군요, 이 많은 돈을 가지게 된 것에 대해 하나님께 감사하기는커녕 눈물을 흘리다니'라고 말했다. 그러나 그는 이렇게 대답했다. '저도 진심으로 하나님께 감사를 드린답니다. 그러나 내가 어리석어 그 돌의 가치를 몰랐습니다. 나는 이런 돌들을 강물에 버렸답니다. 그것들을 가지고 있었으면 백만장자가 되는 건데 말입니다.' 우리가 사는 하루 하루는 보석과 같다. 우리는 많은 날들을 허비했다. '이제' 회개를 해야 한다."

"인도 북부에 한 가난한 사람이 살고 있었다. 그는 많은 빚을 지고 있었으나 그것을 갚을 능력이 전혀 없었다. 그는 너무 게을러 돈을 벌지 못했으므로, 그에게 돈을 빌려준 사람들은 그를 감옥에 보내려 했다. 그러나 그곳에 살던 어느 너그러운 사람이 그 가엾은 소식을 듣고는 그를 도와주고자 했다. 그는 이 일을 아무도 모르게 실행하고자 하여 밤 12시가 넘어 음식과 그 가난한 사람이 빚진 500루피를 가지고 그 집을 찾아갔다. 그는 한 시간 동안이나 문을 두드리며 서 있었으나, 그 사람은 너무나 게을러 문을 열려고 조차 하지 않았다. 그 부자는 그가 도움을 받기에 합당치 않은 사람이라 생각하여 집으로 돌아갔다. 다음날 그 사실을 알게 된 가난한 사람은 몹시 후회하며 슬퍼했으나 아무 소용도 없게 되었다. 보십시오, 왕중 왕이신 분께서 우리의 죄값을 치뤄 주시기 위해 문을 두드리고 계신다. 그의 손에는 신적인 양식들이 들려져 있어, 우리가 그 음식을 먹게 되면 우리의 영적인 적들을 능히 물리칠 힘을 얻게 된다. 우리는 게으른 그 사람과 같이 되지 말고, 지금 즉시 문을 열도록 하자. 그러면 하늘의 평화와 기쁨이 우리의 것이 될 것이다. 우리의 마음 그것이 곧 천국이 될 것이다."

"사탄은 때로 진정한 신자의 마음속에까지 의심을 불어 넣는다. 그러나 하나님의 은총으로 성도는 이것을 피할 수 있다. 한 실례로 실제로 있었던 사건 하나를 이야기하겠다. 어떤 성도는 회심하기 전에 많은 죄를 지은 적이 있었다. 그러나 회심을 하고 난 이후에는 전심으로 주님을 섬기며 거룩한 생활을 했다. 그의 임종시에 사탄이 다가와 이전에 그가 지었던 죄의 목록을 보여주며 이렇게 말했다. '너는 이 많은 죄들을 지었으므로 천국에 들어가기에 합당치 않다. 너는 지옥에 가게 될 것이다.' 그러나 그 성도는 이렇게 대답했다. '내 구주는 자기에게 오는 사람을 아무도 내어 쫓지 않으신다. 만일 우리가 우리의 죄를 고백하면 그는 신실하고 의로우셔서 우리의 죄와 불의를 모두 씻어주신다.' 그럼에도 불구하고 사탄은 계속하여 그를 괴롭혔으나, 그 성도는 용기를 잃지 않고 계속 기도했다. 그 때 손가락이 하나 나타나서 그의 죄 목록을 모두 지워버렸다. 그 성도는 이에 기쁨을 감추지 못하고 하나님을 찬양했다. 그러나 사탄은 이렇게 말했다. '이것으로 좋아하지 말라. 네가 천국에 들어갈 수 있을지는 모르나 네 죄가 모든 사람들 앞에 드러나게 될 것이다. 그리고 너는 모든 사람들 앞에서 수치를 당하게 될 것이다.' 그 성도는 다시 기도드렸다. 그러자 그의 죄 목록에 그리스도의 피가 한 방울 떨어져 그 모든 글들을 아주 깨끗하게 씻어버렸다. 이것을 본 성도는 신적인 기쁨이 충만하여, 평화로이 하나님의 품에 들어갔다"

"갈보리의 세 십자가를 보라. 가운데 달린 사람은 죄 때문에 죽었다. 강도 중 한사람은 죄를 뉘우치고 주께 간구했다. 주님은 그의 기도를 들어 주시고, 바로 그날 낙원에 그와 함께 있겠다고 약속하셨다. 훗날이 아닌 바로 그날, 그는 그리스도와 함께 낙원에 들어갔던 것이다. 그는 죄에 대해 죽고 그리스도 안에서 살아났다. 다른 강도는 아무런 뉘우침도 없이 그의 육체를 구원코자 했다. 그는 '네가 하나님의 아들이라면 너도 구원하고 우리도 구원해 보라'고 말했다. 그는 그의 몸을 위해 살았으며 죄 안에서 죽었다. 생명의 주님 곁에 있었으면서도 그는 구원받지 못하고 죄 가운데서 죽었다."

"친구들이여 당신의 상황은 어떠한가? 죄 가운데서 죽었는가, 아니면 죄에 대해 죽었는가?"

심판

우리가 선다 싱의 심판에 대한 견해를 충분히 이해하려면, 본장은 앞장에 기록된 환상에서 표현된 더욱 비의祕義적인 그의 교훈으로 보충되어야 한다. 이미 지적한 것처럼, 대중 강연회에서 그는 응보의 확실성을 강조하며, 모든 사람 내지는 거의 모든 사람들의 궁극적인 구원의 희망에 대해서는 일말의 단서조차 남기지 아니한다.

"많은 사람들은 '하나님은 사랑이시다. 어떤 방법으로라도 결국에는 그가 우리를 구원하시고 속량하실 것이다'라고 말하며 스스로를 위안한다. 그러나 결국 그 사람들의 미몽은 깨어지게 될 것이다."

"히말라야에는 인정 많고 마음이 관대한 왕이 한 명 있다. 어느 날 저녁 그는 드라이브를 하며 밖에 나가 있었는데, 옷가게에서 무언가를 훔치고 도망친 사람이 잡혀 그 왕 앞에 끌려오게 되었다. 그 왕은 그에게 경고하며 말했다. '지금은 내가 법정에 있는 것이 아니므로 너를 용서해 주겠다. 그러나 다시는 이런 짓을 하지 말라.' 그러나 그 사람은 도둑질하는 버릇을 고치지 않았다. 그 후 어느 날 왕이 산책을 하러 나가 있을 때, 그 남자가 다시 잡혀 왔다. 이번에도 왕은 그를 용서해 주었다. 더욱 대담해진 그는 마침내 사람을 죽이기까지 하여 살인죄로 잡혀오게 되었다. 법정에 끌려온 그는 공포에 질려 새파랗게 되었으나, 재판관의 얼굴을 보자마자 곧 대담해졌다. '이 사람은 나를 두 번이나 용서해준 관대한 왕이다. 이번에도 그는 나를 용서해 줄 것이다'라고 그는 생각했다. 왕은 그의 얼굴을 보고서는 그를 불쌍히 여기며 이렇게 말했다. '친구여, 그대는 이미 오래 전에 너의 악한 행실을 고쳐야만 했다. 나는 너를 여러 번 용서해 주었고 이번 역시 너를 용서해 주길 원한다. 하지만 내가 어찌할 수 있으랴? 여기서는 내가 아니라 이 율법책이 재판관이다. 이 율법은 그대에게 교수형을 선고한다.' 최후의 심판 날에도 역시 이와 같을 것이다. 하나님은 사랑이십니다. 그러나 우리 주님께서 하시는 말씀은 이러하다: '사람이 내 말을 듣고 지키지 아니할지라도 내가 나를 심판하지 아니하노라. 내가 온 것은 세상을 심판하려 함이 아니요 세상을 구원하려 함이로라. 나를 저버리고 내 말을 받지 아니하는 자를 심판할 이가 있으니 곧 나의 한 그 말이 마지막 날에 나를 심판하리라'(요12:47-48).”

"한번은 큰 돌을 파낸 적이 있었는데, 그 밑에는 수많은 벌레들이 있었다. 빛을 본 그것들은 당황하여 이리저리 도망가기에 바빴다. 내가 그 돌을 원상태대로 내려놓자 그것들은 조용해졌다. 의의 태양이 나타나는 그 날에 바로 이러한 일들이 일어날 것이다. 어둠 속에서 죄의 삶을 사는 사람들은 그들이 어둠 속에서 저지른 죄가 밝히 드러나는 것을 보게 될 것이다. '감추인 것이 드러나지 않을 것이 없고 숨은 것이 알려지지 않을 것이 없느니라'(마 10:26). 그의 빛 안에서 그들의 마음과 삶 속에 감추어져 왔던 죄가 명백하게 드러날 것이다. 그들은 공포와 당황으로 전율하게 될 것이다."

"코브라를 보라. 그것은 가끔 허물을 벗긴 하지만 언제나 뱀에 불과하다. 이와 같이, 죄인은 육체를 떠나 내세에 간다 해도 여전히 죄인이다. 그 성격은 죽음으로 변화되지 않는다."

"죄인은 하나님을 배반한 사람이다. 자신의 조국을 배반한 사람은 다른 곳으로 피할 수가 있다. 그러나 하나님 나라의 반역자가 되고서도 피할 나라가 어디에 있을까? 죄로 인하여 하나님으로부터 도망하는 사람은 죄에 의해 잡힐 것이다. 죽음은 하나님으로부터 도망하여 죽음을 피하려는 자들을 삼킬 것이다. 티베트에서 어느 사람이 살인죄를 지었다. 정부는 그 살인자를 교수형에 처하기로 했다. 감옥에 갇힌 그는 손톱으로 감옥의 진흙 벽을 뚫고 숲으로 탈출했다. 그러나 극심한 추위를 견디지 못하고 결국 죽고 말았다. 죽음은 죽음으로부터 탈출하려는 자를 삼킨다."

기도와 명상은 죄를 씻어내는 데 도움이 된다:

"부탄 남부에는 호랑이와 다른 거대한 짐승들을 잡는 숲이 우거진 정글이 있다. 그리고 위험한 경우에 피난할 수 있는 오두막도 있었다. 사냥꾼들은 이 오두막집의 열쇠를 가지고 다녔는데, 어느 날 사냥꾼 한 명이 총을 들고 길을 떠났다. 불현듯 그는 호랑이가 뒤쫓아 오는 것을 보고, 그 오두막에 갈 수 있겠다 싶어 총을 버리고 오두막으로 달려가 문을 열려고 열쇠를 찾았다. 그러나 그는 열쇠를 가지고 있지 않았다. 결국 그는 호랑이의 밥이 되고 말았다. 그가 서 있던 곳과 오두막 안과는 불과 1인치 밖에 되지 않았으나, 벽은 두껍고 그에겐 열쇠가 없었다. 그가 오두막에서 10마일이나 떨어져 있었다면 당연히 죽었을 터이나, 그는 오두막 가까이 있었음에도 죽고 말았다. 하나님의 나라가 가까이 있음에도 불구하고 많은 기독교인들은 그 열쇠를 소홀히 한다. 그 열쇠는 무엇인가? 그것은 회개와 끊임없는 기도이다."

"몇 사람과 히말라야를 여행하는 동안, 나는 열대 지방에서 온 한 사람을 보았다. 우리는 그에게 경고하여 말하기를: '당신의 손과 발을 싸매야 합니다. 그러면 추위를 이길 수 있습니다.'라고 말해 주었다. 그러나 그는 '사람이 더위에 쓰러질 수는 있어도, 추위는 아무 문내가 되지 않는다.'고 하며 우리의 경고를 무시해 버렸다. 며칠 후 나는 그를 다시 만나게 되었는데, 그의 손은 동상에 걸려 엉망이 되어 있었다. 그는 눈 때문에 그러한 피해를 입게 되었노라고 하면서 슬피 울었다. 그러나 지금에 와서 그가 슬퍼한들 무슨 소용이 있겠는가?"

"하루는 어떤 사람이 나무 그늘 아래 서 있었다. 그는 그림자에게 이렇게 말했다. '오 그림자여! 그대는 하루 24시간 중 한번은 여기에 오게 되리라는 것을 확신할 수 있겠지만, 나는 여기 다시 돌아올 수 있을지 확신할 수가 없다네. 그리고 내세에서 하나님께 바칠 아무것도 준비되어 있질 않다네.' 많은 것들이 다시 찾아오리라는 것은 확실하지만, 회개의 기회가 다시 돌아올 지는 확실치 않다."

제7장

마음과 머리

주지주의에 대한 반동

"종교는 마음의 문제이다. 우리 마음을 다 내어 놓는다면 진리를 깨달을 수 있다. 진리는 지성이나 눈이 아니라 오직 깊은 마음을 통해서만 발견될 수 있다. 우리가 배워야 할 교훈은 책에 있지만, 예수 그리스도를 알기 위해서는, 책의 지식이 요구되는 것이 아니라, 마음을 다 드려야만 한다."

마음과 머리의 대조는, 바울의 교훈에서 신앙과 행위의 대조처럼, 선다 싱의 교훈 속에 자리하고 있으며, 본질적으로 그 이유도 똑같다. 그들 각개에 대한 그의 대조는, 한편으론 그에게 있어 종교의 본질이라 할 수 있는 그리스도 중심의 신비주의에 대한 확인이며, 다른 한편으로는, 그가 빠져나온 종교철학에 대한 강력한 반동이다. 이에 관련하여, 사도 바울에게 있어 믿음이란 신조상의 문제에 동의하는 것이 아니라, 주님과의 신비적 연합을 지향하는 영혼의 근본적인 운동으로 연인으로서 사랑하는 사람에 대한 전적인 헌신을 말하는 것이다. 선다 싱이 "그리스도께 마음을 바치십시오. 오로지 그에게 몰입하여, 그로 하여금 당신을 송두리 채 소유케 하십시오"라고 말할 때는 바로 이 헌신과 운동을 의미하는 것이다. "때때로 죄를 짓지 않으려고 노력했으나 유혹을 극복할 수는 없었습니다. 그러나 내 마음을 그리스도께 바쳤을 때 그것이 가능했습니다." 그렇다면 사도 바울이 예수 그리스도를 믿는 믿음으로만 "의롭게 된다"고 말한 교리는 무엇인가?

바울의 대조와 선다 싱의 대조 사이에 그런 차이가 있는 것은 그들이 항거한 체제의 차이 때문이다. 바울은 근본적으로 하나님을 초월적이며 심판자라고 믿는 유대 율법주의와 관련된 그의 경험에서 그것을 생각하고 말한 것이라면, 선다 싱은 하나님을 우주에 내재하고 계신 생명으로 생각하는 힌두교 철학과 관련된 경험에서 그런 말을 한 것이다. "행위"라는 말로써 바울은 의식적 및 도덕적으로 지나치게 엄밀한 규범체계의 엄격한 준수를 통한 구원의 교리를 의미하는 반면, "머리"라는 말로써 선다 싱은 지식을 통한 구원의 교리를 의미한다.

> "나는 '즈나다 마르가'Jnada-marga—즉 지식이 '구원을 위해 필수적'이라고 말하는 힌두교의 산야시를 만나서, 갈증을 해소하기 위해서는 물을 마시는 것이 필수적이지 물이 산소와 수소로 구성되어 있음을 아는 것은 필수적인 것이 아니라고 말했다. 어떤 힌두교의 산야시들은 매우 박식한 사람들임에도 불구하고 그들에게 평화가 없었다."

지식에 의한 구원교리는, 바울이 항거하였던 율법의 행위로 인한 구원교리가 유대교에 확립되어 있었던 것처럼, 힌두교 사상에서 거의—완전하게는 아니지만—확고하게 확립되어 있다. 그리고 율법 안에서, 율법을 통해 종교적 만족을 발견했던—시편 119편의 저자가 증언하듯—몇몇 천박스럽지 않았던 유대인들이 있었던 것과 같이, 힌두교 안에서도 지식을 통한 구원의 길에 만족하는 사람들이 있었다. 그럼에도 불구하고, 단지 몇몇 예외적인 결과만 아니라 그들이 전체적으로 비판하는 것을 살펴본다면, 선다 싱의 항거는 바울의 항거와 같이 충분한 정당성이 있음을 볼 수 있다.

영국이나 미국에서는 일단 종교에 관심을 가진 사람이라면, 그것을 주로 실제적인 윤리와 관련하여 생각한다. 웬만큼 교육을 받은 사람이라면 종교철학에 대해 별 어려움 없이 이야기할 수 있다. 그러나 인도에서는 그렇지가 않다. 브라만교에서는 대중들에게 정교한 예식을 각인시켜 왔으며, 교양 있는 사람들에게는 철학적 사색에 대한 열정을 심어왔다. 종교에 있어서 제일 중요한 것은 예식적인 것이나 형이상학적인 것이 아니라 새로운 마음이라는 것이 서구에서는 자명한 사실이나, 인도에서는 아직 그렇지가 않다.

물론, 인도처럼 종교와 밀접한 관계가 있는 나라에서는 미신에 노예가 된 많은 종교와 주지주의에 사로잡혀 있는 소수의 종교들에 대한 수많은 항거들이 있어 왔다. 가장 영향력 있는 박티 학파Bhakti School는 종교적으로 우세한 주지주의에 강력하게 저항해 왔다. 사실 이 문제에 대한 선다 싱의 입장에는 전적으로 박티 신봉자의 마음을 끄는 요소가 적지 않다.

선다 싱은, 바울이 선행에 대한 적대자가 아닌 것처럼, 지식에 대한 적대자가 아니다. 그러나 그는 지식을 우선적인 위치에 놓는 사람들에 대해서는 맹렬하게 반발한다. 우리는 또한, 그가 머리의 일들을 계속해서 평가절하 하는 그의 의미를 충분히 이해하려면, 인도에서 능력 있고 교양 있는 선교사들이 종종 반대에 직면하여 사실상 옷을 벗을 수밖에 없는 사실을 기억해야 한다. 그리고 비록 신학에 조예가 있는 사람들이라 할지라도 그가 만났을 사람들이 율법의 보다 중요한 문제에 대해 이상하게도 전혀 모르고 있었던 사람들이었을 가능성은 없겠는가!

종교에서 필요한 것은 영적 가치―환상을 보는 눈과 그것을 따르는 의지―에 대한 예민한 분별력이다. 선다 싱은 이러한 것들이 때로는 지혜롭고 신중한 사람들에게는 감춰지고 오히려 젖먹이에게 계시된다는 사실을 발견한 처음 사람이 아니다.

지성의 기능

용어를 조금 바꾸어, "마음"이라는 말 대신 "자아의 합목적적이고 감정적인 면"으로, 그리고 "머리"라는 말 대신에 "숙고하는 능력"이라는 말로 대체해 보자. 그러면 선다 싱이 지성의 기능에 대해 말하고자 하는 것이 현대의 몇몇 심리학자들이 가르치는 것과 거의 비슷하게 된다.

"마음은 우리 영혼의 가장 내적인 부분이다. 그것은 보이지 않는 세계에서 오는 무선 메시지를 수신한다. 머리는 보이는 것들과 관련되어 있다. 영적 실재의 마음을 알고 느끼는 것은 마음이다. 내 머리는 내 마음이 알게 된 것을 묵묵히 받아들인다. 만일 내가 그것을 먼저 보지 않았다면 내 머리는 그것들을 믿지 않았을 것이다. 마음은 머리를 초월해 있다."

"머리에 의해 얻어진 지식은 깊은 곳으로 내려가지 못한다. 언젠가 나는 연못에서 돌을 하나 주워서 깨뜨려 보았더니 겉부분은 젖어 있었지만, 그 돌의 내부와 중심은 완전히 말라 있었다. 돌은 물속에 있었으나 물은 돌 속에 있지 않았다. 그것은 사람에게 있어서도 마찬가지다. 어떤 사람들은 교회 안에 있으면서 그리스도에 대해 많은 것을 알고 있지만, 그들의 마음 중심은 메말라 있다. 그들 마음속에는 그리스도가 계시지 않는다."

"나는 인도의 신분이 낮은 사람들에게서 이러한 질문을 받곤 했다. '학식이 있는 사람들도 기독교를 믿지 않는데 우리가 믿을 수 있을까요?' 나는 이렇게 말했다. '그들에게 물어보는 것은 가장 어리석은 일이다. 그들은 일생을 걸고 살아온 문제들에 대해선 전문가이다. 이런 문제들에 관한 한 그들의 의견은 매우 가치 있는 것이다. 그러나 영적인 것들에 관해서는 그들은 어린아이와 같아서 아무것도 알지 못한다. 종교에 대해 가치 있는 사람들의 의견은 오직 기도하는 사람들의 것이다.'"

우리는 "그러나 말로 표현할 수 없는 직접적인 직관으로 신비가가 얻은 지식의 정당성을 어떻게 다른 사람들에게 증명할 수 있겠습니까?"라고 사두에게 물었다.

"그 신비가의 삶을 통해 그가 거짓을 말하지 않는다는 것을 확신할 수 있다. 그러므로 그의 말을 들어보고, 당신이 실제로 그가 말한 것을 살아보아야 한다."

"종교적인 문제들에 있어서, 영적 체험이 없는 과학자들의 판단을 받아들이는 것은 어리석은 짓이다. 학식 있는 사람으로서는 일식日蝕이 언제 일어날지 알 수는 있어도, 죄가 가려지는 것에 대해서는 아무것도 모른다."

가장 고상한 영적 지식은 단지 지성의 훈련에 의해 얻어지는 것이 아니라 그리스도에 의한 지성의 강화와 조명을 통해 얻어지는 것이다.

"눈에는 시력이 있으나 빛이 비취기 전까지는 아무 것도 보지 못한다. 그와 같이 지성의 눈도 보는 능력은 있으되, 의의 태양빛이 그 위에 비취기 전에는 아무것도 보지 못한다."

무익한 질문들

"어느 날 아버지는 헝클어진 실 꾸러미를 풀고 있었다. 그가 그 꾸러미를 푸는 데는 여러 시간이 걸렸는데, 그것을 보고 있던 아들이 다른 한 가닥 끈을 가지고서, 한 쪽 끝은 나무에 비끄러매고 다른 한 쪽으로는 올가미를 만들었다. 그리고 그의 목을 집어넣고 어떻게 하다가 그만 목이 매달려 버리고 말았다. 그 동안에도 아버지는 실타래를 풀기에 여념이 없었다. 아들이 목 매달린 것을 본 어머니는 황급히 달려와 울부짖었습니다. '아니! 아이가 죽어가고 있는데 구하진 않고 실타래만 풀고 있어요!' 그러는 사이에 아이는 죽고 말았다. 무익한 질문의 결과는 바로 이런 것이다. 그럴 시간에 오히려 멸망해 가는 수 백 만 명의 영혼을 구원할 수 있었을 것이다."

"몇 년 전 양파 껍질을 하나씩 하나씩 벗기고 있는 아이를 한 명 보았다. 그 아이는 양파를 계속 벗겨내고 있었다. '이 속에 무엇이 있는지 알아보기 위해 껍질을 벗기고 있는 중이예요.' 그래서 '그건 껍질로만 되어 있단다' 라고 말해 주었다. 하지만 그 아이는 '분명히 뭔가 들어 있을 거예요'라며 계속해서 껍질을 벗겼다. 많은 사람들이 종교에 대해 이렇게 하고 있다. 그들은 아무런 영적 환상도 발견하지 못하면서 계속 질문만 한다."

"얼마 전 인도에 있는 한 친구와 대화를 나누었는데, 그는 화학자로서 대단히 명석한 사람이었다. 그는 우유가 담긴 컵을 앞에 놓고 분석하면서 물이 얼마 만큼이고, 설탕이 얼마 만큼이며, 그 외에 다른 물질이 얼마 만큼인가를 우리에게 설명해 주었다. 그래서 나는 이렇게 말했다. '어린아이는 우유의 성분을 분석하지 못하지만 경험을 통해 우유가 달콤하다는 것과 그것을 마시면 튼튼해진다는 사실을 알고 있어요. 어린아이는 이 우유를 마시면서 날마다 점점 더 튼튼해집니다. 그러나 당신처럼 이 우유를 분석하는 것을 통해서는 아무런 유익도 얻을 수 없으며 오히려 이것을 썩힐 뿐입니다.' 어린아이가 그 화학자보다 더 현명하다."

우리는 그의 이런 입장을 논박하였다: "그러나 긴 안목으로 보면, 그 화학자의 분석으로 유익을 얻을 수 있는 것 아닌가?"

"그러나 하루 종일 우유를 분석만 하고 마시지는 않는 사람들이 있다. 그들은 결코 그것을 마시는 법이 없다…한 쪽 손이 마른 한 사람이 우리 구주께 찾아왔다. 구주께서는 그의 낫고자 하는 마음을 아시고 말씀하셨다. '네 손을 앞으로 뻗어 보라.' 그 사람이 말씀대로 하자 그의 손이 온전히 나음을 얻게 되었다. 만일 그가 그렇게 해야 하는 이유를 따지고 들었다면 아마 나음을 얻지 못했을 것이다. 그는 구주에게 그 이유를 따지려 하지 않았기에 손을 앞으로 뻗을 수 있었다. 우리는 바로 그렇게 해야 하며 그 사실을 믿어야 한다. 순종하면 놀라운 일들을 보게 될 것이다."

도덕적 장애

도덕적으로 둔감한 것이 종종 불신의 뿌리가 되기도 한다는 것이 선다 싱의 생각이다: "많은 사람들이 죄로 마비되어 있기에 영적 진리를 이해하거나 깨닫지 못한다. 그들은 마치 나병환자와 같아서 다리에 화상을 입었으면서도 그 고통을 느끼지 못한다. 여러분은 죄를 뉘우치고 하나님의 용서를 구하라. 그러면 그리스도의 현존을 느낄 수 있을 것이다. 그리스도의 현존은 설명할 수 없는 것이어서 느껴야만 한다."

우리는 이런 질문을 하였다: "이런 경우, 어떻게 사람들을 일깨워 그 무감각에서 벗어나게 하는가?"

이에 그는 "나는 나병의 유일한 희망이신 그리스도에 대해 말한다"며 이어 이렇게 말했다.

"나는 언젠가 설교 중에 '물 위에 있는 물다리(bridge of water)를 본 적이 있다고 말했더니, 그들은 '나무다리나 돌다리는 있을 수 있어도 어떻게 물다리가 있을 수 있겠는가?' 라고 반문하였다. 지구의 한 쪽에서는 추위를 느껴보지 못했으며, 따라서 그곳에 사는 사람들은 수면이 두껍게 얼어버린 강을 본 적이 없었을 것이다. 그것이 바로 물 위의 물이지만 그들은 전혀 이해하지 못했다. 항상 더운 곳에서만 살아 온 사람이 어떻게 물 위에 물다리가 있다는 것을 이해할 수 있겠는가? 그것처럼, 자신의 죄 속에서 사는 사람들은 물 위의 물다리를 볼 수 있는 높은 산에 전혀 올라가 본 적이 없는 사람들과 같아서 종교적인 진리를 이해하지 못한다. 그러나 기도 생활을 하는 사람들은 추운 지방에 사는 사람들과 같아서 그것을 이해할 수 있다."

그리스도에 대한 지식

선다 싱은 "그리스도를 아는 것"과 "그리스도에 대해 아는 것"(사이의 구별을 자주 강조한다.

"바울은 '내가 믿는바 그를 알기에 나는 부끄러워 아니하노라'고 말했다. 그는 여러 해 동안 많은 고생을 하였으나 그가 믿고 있는 분을 알고 있었기에 부끄러워하지 않았다. 오늘날 그리스도에 대해 아는 사람은 많이 있지만, '나는 내가 믿는 그 분을 안다'고 말할 수 있는 사람은 아주 적다. 편협적으로 자신의 종교에 집착하는 사람들 역시 예수 그리스도에 '대해서는 알지만' 그를 '알지는' 못한다. 그를 아는 것과 그에 대해 아는 것은 너무나도 다르다. 바울도 그가 회심하기 전에 분명히 그를 보았고 그에 대한 이야기를 들었을 것이다. 그는 예수 그리스도에 대해서 알았을 때는 기독교인들을 박해했으나, 그리스도를 알았을 때는 자신이 박해를 받았다."

"지난 달 내가 한 인도 친구에게 수선화를 보여주었더니 그는 매우 놀라워했다. 그는 그 꽃에 대해 많은 것을 알고 있었다. 그는 그 꽃을 조사하려고 책을 읽었으며, 그 꽃에 대한 워즈워드의 시에서 많은 감명을 받기도 했다. 그러나 그는 한 번도 그것을 본 적이 없었으며, 말로 그것에 대해 듣기만 했을 때는 그 꽃을 알아보지 못했다. 많은 사람들이 그리스도는 알지 못하면서 그에 대한 많은 지식만을 쌓을 수도 있다. 그를 아는 사람들은 평화와 기쁨 그리고 행복과 구원을 발견하게 될 것이다."

"인도에서 구원받은 많은 사람들 중 어떤 이들은 매우 단순한 사람들이다. 내가 알고 있는 그곳의 어떤 사람은 글을 모르는 사람이지만,

그가 간증을 할 때면 아주 놀랍게 변한다. 그는 '나는 청소부였지만 지금은 그의 은혜로 아들이 되었습니다. 내가 그를 아는 것은 그가 내 마음에 계시기 때문입니다. 당신도 마음을 그에게 바친다면, 그를 알게 될 것입니다'라고 말했다."

졸업학위 신청자인 옥스포드의 한 학생은, 선다 싱이 이 내용을 강연했던 모임에서 깊은 감명을 받고는 신과대학 과장에게 달려가 "나는 지식만을 습득하는 것은 소용이 없다는 선다 싱의 말에 찬성합니다. 나는 학사학위를 받는 즉시 해외 선교사로 나가겠습니다. 나는 신학 훈련이 필요 없다고 생각합니다"라고 말했다. 이 소식을 들은 선다 싱은 "내 말의 의미는 그것이 아니다. 목사에게는 훈련이 필요하다. 내 말의 의미는, 삶이 없는 학문이란 마른 뼈에 불과하다는 것이다"라고 말한 뒤 계속해서 이렇게 말했다.

> "나는 그런 지식을 반대하지 않는다. 내가 강하게 반발하는 것은 다만 학문을 지나치게 강조하는 현대의 경향이다. 한 가지 예를 들어 보겠다. 루터는 행위를 강조하는 로마 가톨릭에 반대하여 열성적으로 이신칭의를 강조했지만, 그가 행위를 전적으로 무시한 것은 아니었다."

이미 신약성서 시대부터, 믿음에 대한 바울의 강조를 듣고 선행이 필요 없다고 생각한 사람들이 있었다. 그의 서신(벧후 3:16)에서 베드로는 이렇게 말한다: "그 중에 알기 어려운 것이 더러 있으니…그것도 억지로 풀다가 스스로 멸망에 이르느니라."

그와 비슷하게, 그리스도를 향한 마음의 헌신을 되풀이하여 강조함으로써 성자에게도 그와 비슷한 오해의 여지가 생기는 것이라 하겠다. 저명한 사람들과 마찬가지로 그도 오해를 받았다.

제8장
자연과 성서

자연의 책

성자는 자연에게 특별한 매력을 느낀다. 그러나 그는 제비에게 설교하고 "태양 형제"를 노래하는 성 프란시스의 정신으로 자연을 사랑하지는 않는다. 또한 그는 자연 신비주의를 표명하는 워즈워드의 내재하는 신성의 감정을 가지고 있는 것도 아니다. 선다 싱의 관점은 히브리인들에 더욱 가깝다. 히브리인들의 태도에 대해서는, 샌데이 박사(Dr. Sanday)가 임종 직전에 출간되지 않은 한 문서를 통해 이렇게 묘사하고 있다:

"그리스인들은 자연을 그 자체를 위해 연구했다. 그들은 자연 그 자체를 위해 관찰하고 분석하였는데, 그 제자들인 우리도 같은 일을 하고 있다. 그러나 히브리 예언자들은 이런 일에 거의 주의를 기울이지 않았다. 그들은 자연에 관심을 가지고 자연을 웅장하게 묘사했지만, 이것은 순수하게 자연 그 자체를 조용히 관조하기 위한 것은 아니었다. 그들은 항상 그 이면에 다른 대상을 가지고 있었다. 그들은 자연을 하나님의 작품이요 표현으로 생각하였다. 이미 말했듯이, 히브리 예언자들이 진정으로 관심을 기울였던 것은 성령의 일들이었다. 그리고 이런 많은 일들은 쉽사리 직접적으로 표현될 수 없었기에, 그들은 즐겨 간접적으로 그것들을 표현하였다. 자연은 육적이고 물질적인 것들과 영적인 것들 사이의 유비로 가득 차 있어서, 그들은 청중들의 마음에 영적인 것들을 설명해 주는 일에 이러한 유비를 기꺼이 사용하였다. 달리 말하자면, 그들은 이 유비를 그 자체를 위해서가 아니라 상징으로 사용했던 것이다"

"하늘은 하나님의 영광을 선포하고 궁창은 그의 하신 일을 나타내는도다"

선다 싱은 자연 속에서 하나님을 느끼기 때문만이 아니라, 하나님이 자연을 만드셨고 자연은 그에게 하나님이 하신 일들을 비유로 말해주는 펼쳐진 책과 같기에 자연을 사랑한다. 그는 아름다움, 특히 눈덮힌 히말라야의 아름다움을 사랑하지만, 그것은 아름다움 그 자체를 위한 것이라기보다는 그 산맥의 영원한 고독 속에서 하나님과 영적 교제를 나누며 온 자연에 대문자로 쓰여 있는 그 위대한 진리들을 읽는 것이 보다 용이하기 때문이다. 자연의 아름다움 뿐만 아니라 그 비 매력적인 광경들—불모의 광야 및 퇴화 현상—도 하나님에 대한 비유를 그에게 말해준다. 그래서 그는 흔히 "자연의 책"이라는 말을 쓴다.

성인이나 천재들은 그들에게 그토록 분명히 보이는 것을 왜 다른 사람들은 보지 못하는지 이해하지 못한다. 선다 싱은 자기가 발견하는 것처럼 자연의 책을 읽으면서 그 속에서 위로와 영감을 발견하는 사람들이 왜 그토록 적은지 의아해 한다. 그는 자연의 책을 읽음으로써 그의 교훈 대부분을 구성하는 예화와 비유들을 찾아낸다.

"다른 책들을 읽기 위해서는 그 책에 쓰여진 언어를 힘들게 숙지해야 하지만, 자연의 책은 그렇지 않다. 그것은 모든 사람이 알 수 있는 쉬운 언어로 되어 있다."

"그리스도와 함께 생활하시오. 그러면 자연의 책을 명확히 이해하게 될 것이오."

성자에게 있어서는 그것이 조명일 뿐만 아니라 안식이기도 하다. 극도로 긴장된 생활을 하면서 어떻게 안식을 취하느냐는 질문에, 그는 "자연의 책을 읽는 것"이라 대답했다. 파리로 가는 도중에 영국 해협을 건널 것이란 생각으로 그는 매우 기뻐하고 있었는데, 그것은 자연을 공부하는 또 다른 기회가 될 것이기 때문이었다. 갑판에 서서 푸른 바다를 응시하는 그의 얼굴은 기쁨으로 빛나고 있었다.

그는 성서와 자연의 책을 이렇게 대조한다.

"성서와 자연의 책 모두는 성령에 의해 영적인 언어로 기록되었다. 생명을 지으신 분은 성령이시므로 생명으로 충만한 모든 자연은 성령의 작품이며, 그것은 영적인 언어로 기록되어 있다. 거듭난 사람들은 성령을 그들의 어머니로 모시고 있다. 그러므로 성서와 자연에 씌여진 언어는 그들이 쉽게 이해할 수 있는 모국어인 것이다."

그러나 성서와 자연의 책 사이에는 이러한 차이점이 있다: "성서의 메시지는 단 순하고 직접적이며 솔직한 반면, 자연의 책의 메시지는 한 자 한 자 주의 깊게 판독해야 한다." 선다 싱은 "나를 씻으소서. 그리하면 내가 눈보다 더 희게 되리이다." 혹은 "나는 시냇가에 심겨진 나무가 시절을 좇아 과실을 맺음같이"와 같은 성서구절에서 그의 것과 비슷한 자연의 책의 용례를 발견한다. 그러나 그는 이런 관계에서 우리 주님의 비유를 충분히 언급하지는 않았다.

"자연의 책에 대한 당신의 연구와 힌두교도들의 연구 사이에 어떤 차이가 있는가? 베다 송가의 시인들인 힌두교의 환상가들도 자연의 책을 읽지 않았는가?"

"물론 그들도 자연의 책을 읽었다. 그러나 그들은 자연 속에서 하나님을 잃어버렸다. 기독교 신비가는 자연 속에서 하나님을 발견한다. 힌두교 신비가는 하나님과 자연이 동일하다고 생각한다. 그러나 기독교 신비가는 피조물을 지으신 창조주가 반드시 계심을 알고 있다."

선다 싱은 자신에게 있어 자연의 책은 인간의 본성도 포함한다고 말한다. 그의 예화는 나무와 식물들, 동물들과 강, 및 산에서 뿐만 아니라 다양한 인간의 극적인 삶에서도 도출된다. 그러나 비록 삶의 여러 동기와 어려움을 가진 남녀들이 그에게 예민하고 주의 깊은 관조를 위한 풍부한 재료를 제공해 준다 해도, 그는 인간성을 자기의 특이한 개성을 즐기는 디킨즈Dickens의 시각으로 보지 않고, 그 세밀한 복잡함에 관심을 기울이는 미어디드Meredith의 관점으로도 보지 않고, 예술가이면서도 도처에서 비유를 위한 재료를 보는 설교자의 시각에서 인간성을 본다. 더욱이 그는 인간과 그 생활 방식에 관심을 가지고 있으면서도 관광객다운 곳이 전혀 없다. 옥스포드에 있을 때, 그는 진행되고 있는 보트경기를 와서 보라는 초대에 응하지 않았다. 또한 도시의 훌륭한 건물들이나 다른 것들을 보고서도 그 어떤 특별한 즐거움을 표현하지 않았다. 참으로 그는 새로운 곳을 방문하기 좋아한다. 그러나 추측컨대 이 즐거움은 보통 여행객을 유혹하는 탐험에 대한 묘미라기보다는 오히려 하나님의 세계에 대한 일종의 조감도를 얻으려는 데서 나오는 듯하다. 그는 유명한 도시들을 보는 것도 즐겨 한다. 그러나 그는 이런 말을 한 적도 있었다. "나는 도시들을 좋아하지 않는다. 그것들은 자연의 책의 황량한 페이지들이다."

성서

성서의 어떤 책을 특히 좋아하느냐는 질문에, 그는 "한 덩어리의 설탕과도 같은 성서는 그 어느 부분이든지 나에게는 달콤하다"라고 대답했다. 그럼에도 불구하고 그는 실제로는 성서를 구별한다. 신약성서는 그의 주요한 영의 양식이다. 이것은 크기가 아주 작기 때문에 그가 항상 가지고 다닐 수 있는 것인데, 실제로 그의 우르두어 인쇄본은 그가 담요 및 옷과 함께 가지고 다니는 이 땅의 유일한 소유물이기도 하다. 강연 중에 그는 끊임없이 신약을 인용한다. 구약은 아주 드물게 인용하곤 하는데 그것은 보통 시편의 구절들이다. 에스겔이 본 환상에 대해 그는 "그것은 수수께끼다. 어떤 때는 여러분들이 그 의미를 어렴풋이 이해할 수 있겠지만 그렇지 못할 때도 있다"라고 말한 적이 있다.

그리고 요한 계시록에 특별한 관심이 있느냐는 질문에 그는 "별로 없다"고 대답하였다. 그가 가장 많이 읽고 가장 많이 언급하는 부분은 요한복음이다. 왜 그토록 요한복음에 심취하느냐는 질문에, 그는 그 책이 매우 단순하면서도 깊은 의미가 있기 때문이라고 말하며, 그 책은 예수가 사랑하던 제자가 지은 것으로서 그리스도의 인격에 대한 새롭고 놀라운 통찰력과 함께 매력이 있기 때문이라 했다.

"사도 요한은 예수의 가슴에 기대었다. 그는 따뜻한 마음의 소유자로서 입이 아니라 마음으로 그리스도와 대화하며, 누구보다도 그를 잘 이해한 사람이었다."

"사도 요한은 그가 알고 있는 그리스도를 증거했다. 그는 '내가 책에서 읽은 바로는'이라고 말하거나 '세상의 구주에 대해 듣기로는'이라고 말하지 않고, '우리가 보았던'이라고 말했다. 그는 예수와 밤낮으로 3년을 함께 살면서 누구보다도 더 구주를 사랑했고, 구주의 사랑을 이해하여 그의 증인이 될 수 있었다. 과연 우리 가운데 몇 명이나 그와 같이, 그에게서 듣고 그를 보고, 우리의 손으로 직접 만져 보았으며, 우리가 증거하는 이가 바로 그 사람이라고 말할 수 있을까?"

이것이 바로 그의 독특한 예화법을 사용하여, 언젠가는 요한복음을 강해하길 원하는 선다 싱의 바램이다. 그의 의도가 실행될 수 있기를 희망하는 바이다.

"중부 지방을 여행하고 있을 때, 나는 비기독교인 몇 사람과 함께 살아 계신 구주에 관해 이야기하고 있었다. 이야기를 마치고 나서 예수 그리스도에 대해 더 많은 것을 알기 위해 성경을 읽고 싶은 사람이 없는지 물어보았다. 그곳에는 기독교에 대해 적대감을 가지고 있는 사람이 있었는데, 그에게 요한복음서를 한 권 주자, 그는 두 세 문장을 읽은 후 곧장 그것을 찢어서 내던져 버렸다. 이것은 기차의 어느 객실에서 있었던 일인데 그로부터 2년 후 나는 아주 놀라운 이야기를 듣게 되었다. 그 사람이 요한복음을 찢어 차창 밖으로 내던져 버리던 바로 그 날, 진리를 찾던 한 구도자가 철로를 따라 걷고 있었다. 그는 진정한 진리의 구도자였다. 그는 진리를 찾기 위해 갖은 고생을 다했으나 만족을 얻을 수가 없었다. 그가 이런 일들을 생각하며 철로를 따라 걷고 있을 때, 복음서의 찢어진 조각들을 발견하고는 그것을 읽기 시작했다. 그리고 '영생'이라는 단어를 발견하게 되었다. 힌두교에 의하면, 우리는 죽는 것이 아니라 윤회를 통해 이 세상에 다시 태어난다고 한다. 그러나 '영생이라니!' 그리고 그는 또 다른 복음서 조각에서 '생명의 떡'이란 말을 보았다. 그는 그것에 대해서 알고 싶었다. 생명의 떡이란 무엇인가? 그는 그 조각들을 다른 사람에게 보여주면서 '이것이 무슨 책인지 말해 주실 수 있겠습니까? 유감스럽게도 누군가 이 책을 찢어버렸습니다'라고 말했다. 그러나 그 사람은 '그건 기독교의 것입니다. 그런 책을 읽어선 안 됩니다. 더러워지니까요. 절대 그런 책을 읽어서는 안 됩니다'라고 말했다. 마침내 그는 이렇게 말했다. '나는 좀 더 알아야 하겠습니다. 조금 더 안다고 해서 위험한 건 아닐 테니까요.' 그는 그 길로 신약성서를 하나 구입하여 그것을 읽기 시작했다. 그리고 그는 우리의 구주를 발견했다. 그는 지금 중부지방에서 복음을 전하는 사역을 하고 있다. 진실로, 요한복음의 찢어진 조각들은 생명의 떡 조각임이 판명된 것이다."

선다 싱은 신약성서가 선교사들의 손길이 미치지 못하는 지역의 사람들 사이에 침투하여 회심의 역사를 일으킨 유사한 몇몇 사례들을 이야기해 주었다. 자연히 그렇게 전파된 기독교는 때때로 특이한 요소를 지니기도 한다.

"서부 티베트의 한 불교사원에서, 나는 불교 승려인 라마Lama의 서재를 보러 갔다가 그곳에 신약성서가 있는 것을 보고는 매우 놀랐다. '그것을 어디서 구했습니까?'라고 묻자, 그는 '그것은 놀라운 책입니다. 그 책에는 놀라운 일들이 많이 기록되어 있습니다. 당신은 저 성서에 나오는 예수 그리스도란 분을 아십니까? 그는 부처의 화신임에 틀림없습니다'라고 말했다. 그래서 나는 '나는 그분을 믿습니다. 그는 내 구주시며 세상의 구주이십니다'라고 말했다. 그 승려는 '나는 그가 세상의 구주인 것은 모르지만, 그가 부처의 화신이며, 티베트는 세상의 지붕이고, 그는 다시 오셔서 세계의 지붕인 티베트에 그의 보좌를 세워 세계를 다스리실 것은 알고 있습니다. 그러므로 우리는 그분을 기대하고 있으며, 부처의 화신인 예수 그리스도는 다시 오셔서 이 세상을 다스리실 것입니다'라고 말했다."

성경에 대한 현대 비평학적 접근법의 진정한 목적과 의미에 대해서 선다 싱은 아마 직접적인 지식이 없을 것이다. 그러나 그는 그것에 대해 아는 한에 있어서는 그것을 강하게 반발하고 있다. 그는 이것을 "영적 독감"이라 부르며, 우리 주님을 단지 위대한 영적 스승 정도로만 생각하게 하는 그 입장을 심각하게 생각하고 있다.

그런 사람들 때문에 저항이 신중하게 고려될 필요가 있다. 예언자, 시편 기자, 사도들과 같은 사람들은 하나님과 함께 살며 그를 위해 살았던 사람이었음을 기억해야 할 학자들이 있다. 그들 중 어떤 이들은 다른 사람들보다 덜 분명하게 빛을 보았지만, 그들 모두는 진실한 전형적인 신비가들이었다. 말하자면, 하나님을 아는 사람들이었다. 왜냐하면 그들은 하나님을 사랑했으며 그의 뜻을 준행하기에 힘썼기 때문이다. 어거스틴은 이렇게 말한다. "*Amans ab amante accenditur*"(연인은 연인에 의해 불타오른다).

성찬에 나아갈 때 그러하듯이 성령의 감동 속에서 그들의 저서에 접하는 사람은 스스로 불이 타오르게 될 것이며, 또한 하나님을 발견하게 될 것이다. 그리고 그 모든 위대한 문서들을 완전히 이해하고 깨닫기 위해 필요한 풍부한 통찰력을 가지고 그것들을 읽을 수 있도록 저자들의 역사, 외모, 삶의 정황에 대한 충분한 지식을 가지게 된다면 더욱 도움이 될 것이다. 성서에 대한 비평학적 연구는 성서 고고학과 교회사에 있어 가장 중요한 분야이다. 그러나 그것은 고고학과 역사 이상의 아무것도 아닌 것이다. 일단 문서들과 각 시대에 대한 미시적 분석에 사로잡히게 되면, 율법의 보다 중요한 문제들에 눈이 멀게 되고 "영적 독감"의 결과를 가져오게 된다. "이것들도 해야 할 일들이지만, 다른 것들도 방관해서는 안 된다."

그러나 비평가들을 비판하는 입장에서, 영감에 대한 선다 싱의 견해는, 이전 서구학파의 몇몇 신학자들이 주장했던 것과 같이 '축어적 무오설'을 주장하는 것은 아니다.

"내가 인도 북부에 있는 한 친구 집에 머물러 있을 때, 나는 이해할 수 없는 내용의 종교 서적을 읽고 있었다. 신학박사이자 철학박사였던 내 친구가 그 어려운 내용들을 내게 설명해 줄 때 나는 매우 만족스럽게 이해할 수 있었다. 그러나 얼마 후 나는 그 책의 저자를 만나서 그 진정한 의미를 설명 듣게 되었는데, 그 내용은 전혀 다른 것이었다. 이처럼 학식이 있는 사람들도 자주 성서를 오해한다. 만일 그 진정한 의미를 알고자 한다면 우리는 그 저자에게 가야 한다. 말하자면 성령과 함께 살아야 한다는 것이다."

"성령이 바로 성서의 진정한 저자이시다. 그러나 성령이 저자라고 해서 히브리어와 헬라어로 쓰여진 성서의 모든 말씀들이 영감을 받은 것이란 뜻은 아니다. 내 옷이 내가 아닌 것처럼, 언어는 인간의 언어일 뿐일 것이다. 영감 받은 것은 그 내적 의미이지 그 언어가 아니다. 성서의 저자가 사용했던 말은 우리가 일상생활에서 쓰는 언어와 같다. 그러므로 그것들도 영적인 것들에 적합한 언어는 아니다. 그러므로 우리의 어려움은 언어를 통해 그 진정한 의미로 되돌아가는 데 있다. 그러나 저자이신 성령과 접촉하는 사람들에게는 모든 것이 쉽다. '내 말은 영이요 생명이라' 이 말은 글자에 대한 것이 아니라 그 의미에 대한 것이다. 성령께서 사람들에게 말씀하실 때는 인간의 말로 하시는 것이 아니라, 내가 엑스타시 중에 들은 것과 같은 영계의 마음의 언어, 직접적인 말없는 언어로 하신다."

"내가 엑스타시 중에 천사나 성도들에게 하는 말은 이 세상의 언어가 아니라 너무나 자연스럽게 알게 되는 영적 언어이다. 그것은 내가 발음을 하거나 입술을 열기도 전에 그 의미가 전달된다. 그리고 이것은 바로 성서의 저자들이 진리를 전달받은 것과 똑같은 언어이다. 나중에야 그들은 계시 받은 것들을 표현할 단어들을 찾게 되었다. 그러나 그들은 종종 올바른 단어 찾기에 실패하기도 했지만, 그들이 표현하고자 했던 의미는 영감 받은 것이다. 그들은 분명히 종종 언어로 기록하지 못하는 내용들의 전체적인 의미를 정확하게 표현하는 데 이러한 어려움을 느꼈을 것이다. 그들은 최선을 다해 그것을 기록한 후에 이렇게 생각했음에 틀림없다. '결국 없는 것보다는 낫구나, 우리는 우리의 메시지를 전해야 한다.'"

또 다른 경우 선다 싱은 성서에 대해 이렇게 말했다.

"우리가 음식을 먹으면 필요한 부분은 음식이 되어 소화되고, 불필요한 부분은 아래로 내려가 배설된다. 영혼도 자기에게 유익한 부분은 스스로 소화하고, 나머지는 저절로 사라지게 된다."

자신의 회심에서 성서가 차지했던 역할에 대해서 이렇게 말했다.

"나는 규칙적으로 성서를 읽다가 하나님 말씀의 능력을 느끼게 되었다. 물론 어떤 때는 그것을 좋아하지 않았다. 나는 성서를 비판하고,

찢어버렸으며, 불에 태워 버렸다. 그러나 사실 그 때에도 나는 성서의 놀라운 능력과 매력을 느끼고 있었다. 그것은 일종의 신선한 바람이었다. 아마 이런 표현은 바람보다 불을 더 좋아하는 여러분에게는 호소력이 없을지도 모르겠지만, 더운 지방에 사는 사람들에게 이 신선한 바람은 활력을 주는 생명의 숨이다. 진리를 찾는 구도자로서 나는 만족을 얻기 위해 애쓰며 힌두교와 그 어디에서도 평화와 기쁨을 발견하려 애썼다. 그러나 힌두교의 경전과 다른 종교들의 훌륭한 가르침으로도 나는 만족하지 못했다. 내가 하나님의 말씀을 규칙적으로 읽었을 때, 그것이 바로 활력을 주는 신선한 바람이며 생명의 숨임을 느꼈다. 사람들은 이렇게 말한다. '성서를 읽어선 안 된다. 왜냐하면 그것은 마력을 지니고 있고 그것을 읽으면 기독교인이 되기 때문이다. 성서를 읽기 시작한 많은 사람들이 기독교인들이 되었다. 그것을 읽어선 안 된다.' 비 기독교인들과 기독교를 반대하는 사람들 중에서도 성서의 능력을 믿는 사람들이 있다. 나는 그 당시 하나님 말씀의 그 놀라운 능력을 느끼곤 했다. 그리고 구주를 알게 되었다. 하나님의 말씀을 통해 나는 구주께 인도되었던 것이다. 나는 성서를 통해 그리스도를 알게 되었다. 그가 환상 속에서 자신을 계시해 주실 때, 나는 회심하여 지상의 천국을 맛보게 되었다."

위의 마지막 세 문장은 그의 전체적인 입장을 요약하고 있다. 무엇보다도 성서에 대한 그의 견해에서, 그는 그리스도 중심의 신비주의 신비가임을 알 수 있다. 혹은 그 자신이 기록한 대로, "복음서들의 목적은 단지 우리를 그리스도께 안내하는 것이다."

기적들

선다 싱은 절대적으로 기적을 믿었다: "기적의 시대가 지난 것이 아니라, 믿음의 시대가 지난 것이다." 그리고 그는 성서의 기적들을 받아들이기 주저하는 사람들을 하나님의 능력에 대한 개념을 축소하여 받아들이는 사람들로 간주한다.

"전에는 성서가 매우 큰 책이었다. 지금 그것은 오른쪽 호주머니에 넣고 다닐 수 있도록 작게 인쇄되었다. 그와 마찬가지로, 이전에는 하나님이 광대하게 생각되었으나, 지금 사람들은 하나님을 작게 만들어 왼쪽 호주머니 속에 넣고 다니려 한다."

"신생新生의 기적은 모든 기적들 중에서도 가장 큰 기적이다. 그 기적을 믿는 사람은 모든 기적들을 믿는다."

"천국의 성도들은, 비록 그들이 영적으로 땅 위의 사람들을 돕지만, 직접 땅에 내려와서 사역하도록 허락되지 않는다. 그들은 단지 간접적으로 다른 사람들을 통해서만 사역한다. 천사들은 10분 이내에 쉽게 세상을 변화시킬 수 있다. 어떤 천사들은 이 세상에서 고통 받는 특권을 요구했으나, 하나님께서는 그러한 기적적인 능력 행사를 통해 사람들의 자유가 침해되는 것을 원치 않으셨기 때문에 그들의 요구를 거절하셨다. 사도들은 그리스도만이 아니라, 그들도 말에 권위가 있음을 증명하기 위해 기적을 행하는 것이 허락되어 있으나, 가끔씩 있는 일로서 자주 허락되지는 않는다."

런던이나 뉴욕에서 눈에 띄는 모든 것은 조직과 발명 및 과학이 이 모든 것들을 가능케 했다고 말한다. 자연이란 거의 사람들에게 길들여져 있는 것일 뿐이며, 법의 통치라는 개념은 이성 및 상상력을 자극하여 기적이라는 것을 믿기 어렵게 한다.

히말라야와 같은 산 위에 있는 마을이나 간지스와 같은 강가에 있는 마을에서는, 우거진 열대 삼림과 광활한 경작지 혹은 사막이 끝없이 번갈아 펼쳐지는데, 낮에는 태양에 지치고 밤에는 정글의 수많은 울부짖음에 시달리며, 무방비 상태로 겁에 질린 사람은 신비롭고 헤아릴 수 없는 능력에 두근거리는 가슴으로 그 모든 것 뒤에 계시는 절대자를 의식한다. 여기에 경이로운 이야기들이 떠돌게 되며 과학정신이 전혀 배제되어 있는 고대 사회의 사람들은 기적을 믿지 않을 수 없게 되었다.

그런 논쟁에서 어느 한편에 편승한다든지, 혹은 그런 문제는 종교적인 사람에게는 사실상 별로 중요하지 않다고 장황하게 논쟁하는 것 따위는 여기에 적당치 않은 일이다. 우리의 목적은 성자를 있는 모습 그대로 그려내는 것이다. 그러나 이런 묘사가 진실되려면 그러한 배경에 맞서야 하는 것이 그의 상황임을 볼 수 있어야 한다.

선다 싱은 기적을 믿는 것은, 단지 기적들이 성서에 언급되어 있고 시골 인도인의 눈에 자연스럽게 읽히는 자연의 책에 그것들이 있기 때문이 아니라, 자신에게 실제로 일어났거나 일어난 것 같았기 때문이다.

다음 이야기는 앞에서 언급한 런던의 주교가 사회를 본 모임에서 행해진 강연의 속기 기록에서 발췌한 것으로서 그가 인도에서 직접 경험한 것이라고 자주 말한 바 있는 것이다. 그러나 영국인의 관점에서 볼 때, 만일 그가 그것을 자기의 개인적 체험으로 말한다면 초점이 자신에게 맞춰져 그가 강조하고자 하는 도덕적인 것에서 이탈하는 결과가 있을 수도 있음을 충분히 숙지하고서는 그것을 마치 다른 사람에게 일어난 일인 것처럼 말했다.

"산 속에서 하나님의 소명을 받은 사람이 있었다. 처음에는 사람들이 그를 받아들이려 하지 않았다. 그로서는 그것이 너무나 힘든 시작이었다. 그는 지치고 굶주리며 목이 말랐다. 그는 동굴 속에 들어가 기도를 시작했는데 유혹을 받게 되었다. 그는 '너는 사람들에게 예수 그리스도에 대해 말해 주려고 왔지만, 그리스도는 지금 어디에 계시는가? 네가 굶주리지만 기도를 시작하자 그는 놀라운 평화를 발견하고 이렇게 말할 수가 있었다: '내 구주께서 들으셨도다.' 그는 음식이나 빵을 구할 수는 없었으나 달콤한 잎사귀를 구하게 되었는데, 그것은 이전에 전혀 맛보지 못한 감미로운 맛이었다. 구주의 현존이 그것들을 변화시켰던 것이다. 얼마 후에, 한 무리의 사람들이 막대기와 돌을 손에 들고서 그를 치러 왔다. 그는 눈을 감고 '당신의 뜻이 이루어지이다. 내 영혼을 당신께 맡기나이다'라고 했다. 그러나 눈을 떴을 때, 그는 사람들이 모두 가버린 것을 알게 되었다. 그는 밤을 꼬박 새우며 기도한 것이다. 아침이 되자 80-90명의 사람들이 떼를 지어 그를 찾아왔는데 손에는 막대기나 돌이 들려져 있지 않았다.

그는 '나를 죽이려면 그렇게 하십시오'라고 했다. 그러자 사람들은 '지난밤에는 우리가 당신을 돌로 쳐 죽이려고 왔으나, 오늘은 한 가지 물어 보려고 왔소. 우리는 여러 나라에서 온 많은 사람들을 보아왔고 그들을 모두 알고 있는데, 어젯밤 우리가 본 그 놀라운 사람들은 도대체 어디에서 온 사람들이오? 당신은 지난밤에 빛나는 옷을 입은 많은 사람들이 당신을 둘러서 있었는데, 도대체 그들은 누구였소?'라고 묻는 것이었다. 한 두 사람이 이 환상을 본 것이 아니라 모든 사람들이 보았던 것이다. 빛나는 옷을 입고 있던 사람들은 천국에서 온 사람들이다. 그들은 그리스도를 증거하고 그에게 순종하는 사람들을 위해 일하도록 보냄을 받은 사람들이었다.

그러나 기도의 생활을 하는 사람들은 그보다도 더욱 놀라운 일들을 보게 될 것이다. 그들은 어느 곳에서도 발견치 못한 평화를 발견하게 될 것이다."

타밀어 강연에는 이런 이야기가 있다.

"티베트에 하나님을 찾는 한 사람이 있었다. 그러나 하나님을 찾지 못한 그는 안식이 없었으며 불행했다. 마침내 그는 너무도 낙담하여 자살하기로 결심했다. 바로 그 때, 낯선 사람이 그에게 다가와서 '나는 백마일 밖, 이 나라 밖에 사는 한 사람을 알고 있는데, 그가 당신을 도울 수 있을 것이오'라고 말해주었다. 그 사람은 기꺼이 그를 만나 보기로 했다. 며칠 동안 여행한 후에 그들이 강둑에 이르게 되자 그 낯선 사람은 '여기서 기다리시오, 내가 말한 사람은 여기서 7마일 떨어진 마을에 살고 있는데, 내가 가서 그 사람을 데려 오겠소'라는 말과 함께 강을 건너 마을에 들어가 그 기독교인을 데리고 왔다. 그 기독교인과 그 사람은 오랫동안 이야기를 나누고, 마침내 그리스도를 믿게 되어 세례 받을 준비를 하였다. 그는 자기를 도와 이곳까지 오게 해준 그 낯선 사람을 찾았으나 그는 어디에도 없었다. 티베트 사람은 그 낯선 사람이 그 기독교인의 친구인줄 알았고, 그 기독교인은 그 낯선 사람이 티베트사람의 친구인 줄 알았으나, 결국 그들은 그가 천사였으리라고 결론짓게 되었다. 그 티베트 사람은 세례를 받았다. 그러나 그 천사는 며칠 동안 그와 함께 지냈으면서도 그에게 아무런 설교도 하지 않았다. 이 일은 백 마일이나 떨어진 곳에 살았던 그 기독교인에 의해 이루어지는 것이 하나님의 뜻이었다."

다음은 「누르 아프산」지에 기고된 한 편지에서 발췌한 내용이다. 선다 싱의 생활 방식과 그의 활동 분위기를 보여주는 것으로서 이 장을 끝맺음하기에 적절할 것이다.

몇 주 전에 선다 싱이라는 한 기독교인 성자가 나르칸다 주변의 마을에 복음을 전하러 나타났는데, 굉장히 많은 박해를 받았다. 우리는 앉아서 잡담을 하고 있었는데 그 때 난디Nandi라는 이름의 농부가 달려와 우리에게 말했다: "아주 이상한 일이 우리 동네에서 일어났답니다. 어느 날 우리가 밭에서 옥수수를 거두어들이고 있는데, 한 성자가 다가와 우리에게 종교를 전하기 시작했어요. 우리는 모두 우리 일을 방해하는 그에게 화가 나서 욕을 퍼부었습니다. 그러나 그는 우리의 저주와 협박에는 아랑곳없이 계속 이야기를 했습니다. 이에 내 동생이 돌을 집어 들고 그 사람의 머리를 쳤습니다. 그러나 이 선량한 사람은 그러한 모욕에 개의치 않고 이렇게 말했습니다. '오! 하나님, 저들을 용서하소서!' 잠시 후 그를 돌로 쳤던 내 동생은 갑자기 머리가 쪼개지는 듯이 아파서 추수를 포기할 수밖에 없었습니다. 그러자 그 성자는 내 동생의 낫을 들고 옥수수를 추수하기 시작했습니다. 우리는 모두 놀라 '이 성자의 이런 일은 어찌된 것인가, 우리에게 욕하고 저주하기는커녕 우리를 위해 기도하다니?' 라고 생각했습니다. 그래서 우리는 그를 집에 들여 그에게서 좋은 이야기를 많이 들었답니다. 그가 떠난 후에 우리는 아주 놀라운 일을 발견했습니다. 이 선량한 사람이 추수한 밭에서 올해처럼 많은 옥수수를 거둔 적이 없었답니다. 우리는 예년 이 맘 때보다 2몬드maunds 나 더 많이 거두었습니다."

"며칠 전 나는 시믈라로 가는 한 유럽 여인을 만났는데, 내가 그녀에게 이 이야기를 하자, 그녀는 나에게 이 놀라운 사건을 「누르 아프산」 지에 기고하라고 말해 주었다…이리하여 나는 그 숙녀의 충고대로 편집인에게 이 서한을 보다…그 성자에게 부탁하옵기는 그가 마을을 방문하여 우리로 하여금 그의 거룩한 설교에 은혜를 입도록 해달라는 것입니다… Jiya Ram"

제9장

탁상담화

선다 싱이 강연에서 말한 것과 사적으로 한 두 사람에게 말한 것, 혹은 식탁에서 여러 사람들에게 말한 것 사이에는 그 형식과 문제에 있어 별 차이가 없다. 그러나 그는 분명히 서구식의 딱딱한 설교나 강연보다는 인도의 스승이 제자들과 둘러앉아 격식 없이 다소 편하게 이야기하는 것과 같은 형식을 더 좋아한다. 더구나 작은 모임에서는 그의 유머와 온화함, 그리고 그의 영적 통찰력을 이해하는 것이 더 쉬울 뿐만 아니라, 그의 활달함과 얼굴 표정의 변화 및 그가 주위에 발산하는 신적 평화의 분위기를 느끼는 것이 더욱 쉽다. 이 장에서는 부담 없는 주제 아래, 공적 및 사적으로 그가 말한 내용들을 모아 보았다. 어떤 것들은 그 통찰력으로 가치가 있는 것이며, 또 어떤 것들은 그 멋진 단순성으로 가치가 있는 것들이다.

설교자

"나는 앉아서 설교문을 작성하지 않는다. 나는 기도를 하면서 그 본문과 주제 및 예화들을 찾아낸다. 설교자는 메시지를 하나님으로부터 받아야 한다. 만일 메시지를 책에서 얻게 되면, 그들 자신의 복음을 전하는 것이 아니다. 그들은 다른 사람의 복음을 전하는 것이다. 그들은 다른 사람의 계란을 품고 앉아서는 그것이 자신들의 것인 줄로 생각한다."

한번은 런던 신문사에서 온 한 기자가, 어느 모임에서 무슨 주제로 말할 것이냐고 그에게 질문했다. 그러자 그는 자신은 알지 못하며, 주님께서 인도하시는 대로 말할 뿐이라고 했다. 그러나 그는 언제나 강연하기 전에 오랫동안 기도와 명상의 시간을 갖는다고 주장했다. 그는 상황에 따라 신중하게 선택한 본문과 몇 가지 생각들로 강연을 시작한다. 실제 설교의 전개는 상당 부분 청중들의 본질에 의존한다: "나에게 마치 개가 유식한 사람보다 더 효과적으로 냄새를 맡듯이, 본능적으로 청중들의 영적 필요를 인식하게 하는 무엇인가가 있다."

그의 설교 준비 방법에 대해 말하는 김에 우리는 "지식이 충분치 못한 사람이라면 어떻게 되겠습니까? 만일 그런 사람들이 설교를 세심하게 준비하지 않고 당신의 말처럼 강단에 선다면, 그들은 청중의 주의를 집중시키지 못할 것입니다"라고 질문했다. 이에 선다 싱은 이렇게 대답했다.

"오직 하나님의 부르심을 입은 사람만이 설교자의 사역을 감당할 수 있다. 이런 사람들에게는, 비록 그들이 지식이 없다 하여도, 하나님께서 메시지를 주실 것이다."

"한 때 청소부였다가 기독교인이 된 사람이 있었다. 그는 마음을 그리스도께 바친 이후에, 그 분 안에서 평화를 발견하고 구원을 얻어 그의 증인이 될 수 있었다. 사람들은 '그에게는 우리가 갖지 못한 그 무엇인가가 있다'고 말하곤 했다. 그가 설교를 할 때면 사람들은 주의를 집중하고 그의 말을 들었다. 한 행인이 물었다. '사람들이 왜 청소부의 말에 그토록 주의를 집중하여 경청합니까?' 청소부는 '구주께서 나귀를 타고 예루살렘에 들어가실 때, 사람들은 그의 발아래 옷을 벗어 깐 것이 아니라 나귀의 발아래 옷을 벗어 깔았습니다. 그것이 어찌 나귀를 위한 것이었겠습니까? 그것은 왕 중 왕이 나귀를 타고 계셨기 때문이었습니다. 그리스도께서 나귀에서 내리시자, 아무도 더 이상 그 나귀에 신경 쓰지 않았습니다. 나귀가 영광을 받는 것은 왕 중 왕이 그 위에 타고 계실 때였을 뿐입니다'라고 말했다."

생명과 희망

"생명과 풍성한 생명은 같은 것이 아니다. 그 둘 사이에는 아주 큰 차이가 있다. 단순한 생명이라면 무슨 소용이 있겠는가? 예를 들어 보겠다. 나는 병원에 가서 병으로 누워 있는 사람을 보았다. 그는 위험한 상태가 아니었는데도, 다음날 나는 그가 죽었다는 소식을 들었다. 그날 밤 그는 지붕에서 코브라가 침대로 떨어졌는데, 코브라가 그의 발꿈치에서부터 머리로 기어오는 것을 보고 공포에 질려버렸다. 그에게는 침대에서 일어나 도망할 힘도, 그 뱀을 죽일 힘도 없었다. 결국 뱀에게 물려 죽고 말았다. 그 때 다른 사람이 들어와 그 뱀을 죽였다. 그 죽은 사람에게도 생명은 있었지만 그 얼마나 큰 차이인가! 그에게도 생명은 있었지만 그는 위험으로부터 자신을 지킬만한 힘이 없었던 반면, 다른 사람은 자신을 지키고 뱀을 죽일 수도 있었다. 많은 기독교인들 역시 생명을 가지고 있지만 옛 뱀으로부터 자신을 지킬만한 힘이 없다. 유혹에서 자신을 지키지도 못하는 그들이 어떻게 다른 사람들을 구할 수 있겠는가? 그들은 옛 뱀에 물려 독이 퍼진 채, 죄 가운데서 죽고 말 것이다. 그러나 풍성한 생명을 가진 사람들은 옛 뱀을 죽일 수 있을 뿐만 아니라, 자신이 유혹을 이기며 다른 사람들도 이길 수 있도록 도움을 준다. 이것이 바로 풍성한 생명이다."

"만일 우리가 우리 자신을 하나님께 드린다면, 그는 우리를 통해 역사하실 수 있다. 만일 우리가 우리 자신을 그의 손에 맡긴다면 그는 우리를 사용하실 수 있다. 기도의 사람을 통해 그는 위대한 일들을 행하실 수 있다."

"하나님의 종들도 때로는 낙심할 때가 있다. 사람들은 하나님의 말씀에 관심을 기울이지도, 들으려고도 하지 않는다. 때로는 내 자신도 낙심할 때가 있다. 그러나 나는 말씀을 전하고 증거하는 것이 우리의 의무임을 알게 되었다. 우리가 이 의무에 충실하다면 성령께서 그들의 마음속에서 역사하실 것이다. 오직 우리는 우리의 의무를 다해야 한다."

"우리의 약함으로 인해 결코 실망해서는 안 된다. 태양에는 많은 반점이 있다. 그렇다고 태양이 빛을 내지 않는가? 그처럼 우리는 진정한 빛이 우리에게 주시는 빛을 비춰야 한다. 우리의 의무는 빛을 내는 것이다. 개똥벌레는 아주 작은 곤충이지만, 그 작은 빛으로 여행객들의 마음을 즐겁게 해준다."

봉사

"어느 지방에 한 부자가 있었다. 하루는 그의 아들이 아버지의 정원에 앉아 있었는데, 많은 새들이 날아와 그 과실을 쪼아 먹고 소들이 그 화초들을 짓밟았다. 그러나 그 아들은 그것을 보고도 그들을 쫓아내지 않았다. '당신 아버지의 정원이 이렇게 짓밟히는 것을 보고도 가만히 있는 것이 옳은 일입니까? 이것들을 쫓아내지 못합니까?'라고 사람들이 묻자, 그 아들은 '아버지는 그런 일을 시키지 않으셨습니다. 그러므로 그것은 제 일이 아닙니다'라고 대답했다. 나중에 그 일의 진상을 알게 된 아버지는 그 아들을 집에서 쫓아내버렸다. 왜냐하면 그것은 특별한 것이 아니라 하나님께 봉사하기 위한 부름에 참여한 우리 주변 사람들의 필요와 불완전함을 돌보는 일이기 때문이다."

"인도 북부의 산악지역은 날씨가 무척 춥기 때문에 여행자들은 다음과 같은 방법으로 체온을 유지한다. 그들은 작은 통에 숯불을 넣어 뚜껑을 덮고 그 주위를 실로 감은 다음 옷에 싸서 겨드랑이에 끼고 다닌다. 이렇게 하고서는 아마르나트라는 묘지를 향해 세 사람이 여행을 하고 있었다. 그들 중 한 사람은 다른 두 사람이 추위로 고생하는 것을 보고는, 그의 통에서 숯불을 꺼내 불을 피워서 몸을 녹이게 하여 모두가 무사히 여행을 계속할 수 있었다. 여행을 계속하다가 날이 저물어 어두워지자, 이번에는 일행 중 두 번째 사람이 그의 통에서 숯불을 꺼내 횃불에 불을 붙여 안전하게 여행을 계속할 수 있게 했다. 일행 중 세 번째 사람은 그 두 사람을 비웃으며 '당신들은 바보로구만, 다른 사람들을 위해 숯불을 낭비하다니'라고 말했다. '그럼 어디 당신의 숯불을 좀 봅시다'라는 다른 두 사람의 요구에 그가 통을 열었을 때, 거기에는 재만 남아 있었다. 첫 번째 사람은 그의 숯불로 다른 사람들을 따뜻하게 해주었고, 두 번째 사람은 그의 숯불로 빛을 만들었지만, 세 번째 사람은 이기적으로 숯불을 지킴으로써 자신에게 조차도 소용없는 것으로 만들어 버렸다.

"이와 같이, 우리가 성령의 불을 받아 다른 사람들에게 온기와 빛을 제공해 주고, 그들이 구원받도록 돕는 것이 하나님의 뜻이다. 많은 사람들이, 자신의 건강과 힘과 돈을 다른 사람들의 구원을 위해 쓰는 사람들을 비웃으며 그들을 미쳤다고 한다. 그러나 다른 많은 사람들을 구하고 자신도 구하는 사람들은 바로 그런 사람들이다. 자신이 받은 구원에 다른 사람들이 참여하길 열망하지 않는 사람들은 자신들의 구원을 상실할 뿐만 아니라, 마지막 날에 지옥으로 가게 될 것이다. 그 때 가서 후회해 보아야 소용없다. 그러므로 우리는 바로 지금 다른 사람들을 구원하도록 노력해야 한다."

"파라스 왕국을 다스리던 왕이 있었다. 그는 백성들이 무척이나 게으른 것을 보고, 적들이 침략해 오면 어떻게 대항할 수 있을 것인지 걱정하고 있었다. 그들에게 충고하는 것이 아무런 소용도 없음을 알게 된 왕은, 거리 한복판에 큰 돌을 하나 굴려놓았다. 그러나 백성들은 이 돌을 보고서도 그것을 치우기는커녕, 그것을 비켜 가기만 했다. 일주일이 지났다. 왕은 모든 백성들을 네거리에 모이라고 명령을 내렸다. 그리고 그 돌을 들어 올렸다. 사실 그 돌은 속이 텅 비어 가벼웠던 것이다. 그 돌 밑에는 십만 루피 상당의 값진 장신구들이 가득한 가방이 있었는데, 그 가방 위에는 '이것은 돌을 치우는 사람의 것이다'라는 글이 쓰여 있었다. 왕은 이것을 백성들에게 보여주며 다음과 같이 말했다. '그대들은 게을렀기에 이것을 얻지 못했다. 만일 계속 그런 식으로 살아간다면, 적들이 침략해 올 때, 이 나라를 빼앗기고 말 것이다.' 그곳에 모인 모든 사람들은 애쓰고 노동하는 것이 싫어 큰 부자가 될 수 있었던 기회를 놓친 것을 아쉬워할 뿐이었다.

"그리스도께서도 이처럼 다른 사람들의 구원을 위해, 십자가를 지고 고통과 슬픔을 견딜 것을 우리에게 요구한다. 많은 사람들이 부, 건강, 권세를 사랑하여 십자가를 지는 것을 꺼린다. 그들은 십자가가 무거우리라 생각한다. 그러나 그리스도께서는 '내 멍에는 쉽고 내 짐은 가볍다'고 말씀하신다. 그것을 질 때, 우리는 십자가가 가벼움을 알게 된다. 더구나 십자가를 들어 올릴 때, 우리는 그 밑에서 보좌와 왕관과 영광을 보게 된다. 지금의 십자가가 나중의 영광이 된다. 그러므로 우리는 우리의 건강과 힘 그리고 필요하다면 우리의 목숨까지도 동포들의 구원을 위해 기꺼이 바칠 준비를 하고 있어야 한다."

"하나님의 부르심을 입어 그의 포도원에서 일을 하는 어느 독실한 기독교인이 있었다. 사람들은 그를 때리고 학대하며 그를 거꾸로 나무에 매달기까지 했다. 그러나 그는 '여러분이 나를 거꾸로 매달아도 나는 놀라지 않습니다. 세상이 거꾸로 매달려 있고, 세상의 행위 또한 거꾸로 매달려 있기에 여러분은 나를 거꾸로 매단 것입니다. 이 일에 대해 여러분께 감사를 드립니다. 환등기의 슬라이드는 거꾸로 놓여 있어야 화면에 똑바로 보입니다. 만일 그 슬라이드가 환등기에 똑바로 놓여 있다면 화면에는 거꾸로 나타날 것입니다. 이 땅에서는 여러분이 나를 거꾸로 묶어 놓았지만, 하늘나라 본향에서 나는 똑바로 서게 될 것입니다. 만일 내가 이 땅에서 똑바로 서 있는다면, 그곳에서는 아마도 거꾸로 매달려 있게 될 것입니다'라고 했다."

종교

"종교들은 모두가 별반 차이 없이 선행을 가르치지 않는가?"라는 질문에 그는 "물론 그렇다. 그러나 큰 차이가 있다. 다른 종교들은 선행을 행하면 마침내 선하게 될 것이라고 말한다. 그러나 기독교는 '선하게 되어라, 그러면 선행을 행하게 될 것이다'라고 말한다. 선행은 선한 마음에서 나오는 것으로 먼저 마음의 변화가 있어야 한다"고 대답했다.

또한 "불타와 그의 가르침을 어떻게 생각하는가?"라는 질문에 그는 이렇게 말했다: "그는 신비가가 아니라 도덕적 스승일 뿐이다. 그의 가르침 가운데는 신에 대한 것이 전혀 없다. 이 사실은 그런 사람에게 있어서 놀라운 일이다. 그는 열반Nirvana 혹은 욕망의 소멸에 대해 설교했으나, 구원이란 욕망의 소멸이 아니라 오히려 욕망의 충족이라 할 수 있다. 갈증에 대한 올바른 처방은 그것을 죽이는 것—죽음을 의미할 수도 있다—이 아니라, 그것을 충족시켜 해소하는 것이다."

"0을 하나 쓰고 그 오른쪽으로 계속해서 0을 써 나간다고 생각해 보라. 0이 많아질수록 숫자가 커지기는 하지만, 제일 왼쪽에 있는 숫자가 0이면 나머지 0들도 모두 그저 0일 뿐이다. 그리스도는 1이라는 숫자가 되신다. 그리고 그의 왼편에는 세상이 있다. 세상을 추구하는 사람들이 얻는 부는 0에 지나지 않는다. 그러나 그의 오른편에는 천국이 있다. 천국을 추구하는 사람들이 얻는 부는 무한하다."

"분파는 무익하다. 하나님은 한 분이신데 왜 그렇게도 많은 교회들이 있을까? 왜 분열이 생겼을까? 그러나 생각해 보면 이것이 바로 세상인 것이다. 모든 분파들이 하나가 될 때, 그것은 더 이상 이 세상이 아닌 천국일 것이다."

"어느 날 거리를 지나가는데, 문이 모두 닫혀 있고 사람은 한 명도 보이지 않았다. 그 때 문득 이런 생각이 들었다. 우리 마음을 지으신 주님을 향해 마음 문이 닫혀 있으면 재산을 보호하기 위해 문을 잠글 필요가 있겠지만, 만일 주님을 향해 마음 문이 열려 있다면 도둑이 없을 것이므로 문을 잠글 필요도 없지 않겠는가?"

섭리

"어느 젊은이를 보고 나는 그가 구주를 위해 무엇을 하고 있는지 물어보았다. 그는 이렇게 말했다. '내가 그를 위해 무엇을 해야 할 정도로 그가 나를 위해 무슨 일을 했나요?' 내가 말했다. '그분은 당신을 위해 자신의 피를 흘리고 생명을 주지 않으셨습니까?' 그러자 그는 이렇게 대답했다. '그것이 어째서 나만을 위한 것이었습니까? 그는 모든 사람을 위해 그의 생명을 주신 것이 아닙니까? 내가 그분을 섬겨야 할 만큼 그가 나를 위해 특별히 해 주신 게 무엇입니까?' 몇 달 후, 그는 중병에 걸려 자리에 눕게 되었다. 그 때 그는 성령 안에서 환상을 보았다. 그의 방에는 그의 일생에 있었던 사건들이 그림같이 쭉 둘러져 있었다. 어느 그림은 그가 아기였을 때 2층 발코니에서 떨어지는 모습이었다. 그가 떨어질 때 한 사람이 그를 안아 부드럽게 땅에 내려놓았는데 그의 손에는 못 자국이 있었다. 다른 그림에서는 그가 바위에서 미끄러져 분명히 죽을 것이었는데 한 사람이 그를 구해 주었다. 그의 손에도 상처자국이 있었다. 또 한 그림에서는 그가 뱀을 밟고 있었는데 한 사람이 뱀을 잡고 있어 그를 물지 못하는 것이 보였다. 그의 손에도 상처자국이 있었다. 그리고 그가 방에서 은밀히 죄를 짓고 있는데 그 사람이 나타나 상처를 보여주며 그에게 죄를 짓지 말도록 간청하는 것이었다. 그가 이 모든 그림을 보았을 때, 그리스도께서 그에게 가까이 서서 말씀하셨다. '내가 너를 위해 이 모든 일을 했는데도 너는 내가 너를 위해 아무런 일도 하지 않았다고 생각했구나. 이제 죽게 되면 너는 영원한 지옥으로 가게 될 것이다. 그러나 이번에도 내가 너를 죽음에서 구원해 주겠다. 그러니 가서 모든 사람들에게 주께서 너를 위해 행하신 이 모든 일을 전파하라.' 건강을 회복한 그 사람은 하나님의 훌륭한 종이 되었다. 내가 그를 다시 만났을 때, 그는 굉장히 고통스러워하며 '내가 알지 못했을 때는, 하나님이 나를 위해 행하신 일이 하나도 없다고 생각했었습니다. 내가 위기를 넘길 때마다 나와 나의 부모님은 그것을 행운 탓으로 돌렸습니다. 그러나 이제는 세상 끝 날까지 우리와 함께 하시리라 약속하신 구주께서 매일 매일 나와 함께 계셔 모든 위험에서 지켜 주신다는 것을 알게 되었습니다'라고 고백했다."

내세

"알 속에 있는 아기 새의 눈과 날개는 껍질 밖의 세상에 대한 충분한 증거가 된다. 보기 위한 눈이 알 속에서 과연 무엇을 볼 수 있을까? 날기 위한 날개가 알 속에서 과연 어떻게 날 수 있을까? 그러므로 그것은 알 속에서의 삶이 아니라 그 밖에서의 삶을 위한 것임이 분명하다. 이와 같이 이 땅에서는 성취될 수 없는 선한 욕망과 야망이 많다. 그러므로 그것들이 성취될 때가 반드시 있는데, 그것은 바로 영원이다."

"우리가 내세에서 천국의 축복을 누리고 지옥의 징벌을 피하기 위해서는 분명한 조건이 지켜져야만 한다. 새끼 새가 살아서 껍질 밖으로 나오기 위해서는 어미 새의 온기가 필요하다. 그것이 없으면 알이 썩어 버리게 된다. 알 속에서 어미의 온기를 받는 것이 새끼 새에게 필수적이듯이, 우리도 이 세상에 살면서 성령의 온기를 받는 것이 필수적이다. 새끼 새가 알에서 나오듯, 우리는 이 세상을 떠나 천국에 들어가서 영원한 축복을 누리게 될 것이다."

"내세를 논하는 많은 사람들은, 사람이 죽으면 무無가 된다고 말하면서 천국과 지옥에 대해 말하는 것은 쓸데없는 일이라고 한다. 이러한 말에 대하여는 어미 새와 새끼 새 간의 대화를 생각해 볼 수 있다. 어미 새가 새끼 새에게 말했다. '아가야, 이제 잠시 후면 알 속에서 나와 이 엄마를 보게 될 거란다. 그리고 아름다운 꽃과 나무들로 가득한 이 세상도 보게 될 거란다.' 그렇지만 새끼 새는 엄마에 대한 이야기와 이 세상에 대한 이야기가 모두 거짓말이라고 고집스럽게 우긴다. 그러나 곧 알을 깨고 밖으로 나온 새끼 새는 엄마와 주위 세상을 보고 이내 엄마의 말이 옳았음을 알게 된다. 이처럼 천국과 지옥이 없다고 말하는 사람들은 그들의 육체가 벗겨지고 영혼이 밖으로 나오게 될 때 진실을 알게 될 것이다."

"외국을 여행할 때는 친한 친구가 있는 것이 좋다. 예수 그리스도와 친구가 되시오. 그러면 여러분은 천국에서 친구를 갖게 될 것이오."

제10장

인도 기독교에 대한 전망

기독교와 민족적 특징

유럽에서 기독교는 세 가지 주요한 유형, 즉, 라틴계, 희랍계, 튜톤계로 분화되었으며, 튜톤계는 또 다시 여럿으로 분화되었다. 이러한 현상은 여러 지역의 탁월한 민족들의 특징 및 기질과 상응한다. 그러므로 머지않은 장래에 적어도 또 다른 세 가지—인도, 중국, 일본—유형이 나타날 것으로 기대된다.

유럽에서는 상이한 기독교의 종족적이고 민족적인 유형—어느 면으론 불가피하고 바람직스러운—이 전적으로 비참한 과정을 거쳐 생겨났다. 의심할 나위 없이 이것은 주로 종교적인 문제들이 정치적인 문제와 복잡하게 얽혀 있었기 때문이다. 그러나 모든 종족, 계급, 문화의 분열을 초월하는 것과 같은 인류의 종교로 의도된 기독교가 실제로는 오히려 기존의 불화를 더욱 심화시키는 경향이 있었다. 적절히 적용되었으면 세상을 갱생시킬 수도 있었을 에너지가 서로 죽이는 투쟁에 모두 소모된 것이다. 급속히 성장하고 있는 동양 기독교회가 당면한 가장 큰 문제는, 어쩌면 똑같지는 않을지라도 유럽의 기독교를 무력하게 한 것과 같은 실수는 피하면서도 어떻게 기독교를 민족적으로 표현해야 하는 지가 될 것이다.

성자와 면담하면서, 바론 폰 휘겔은 특별히 이 문제에 대한 그의 견해에 깊은 인상을 받고, 우리에게 보낸 쪽지에 선다 싱의 입장을 매우 예리한 통찰력으로 다음과 같이 요약하였다.

"선다 싱은 아주 정확하게 생각하고 있으며, 특별히 인도의 기독교가 생명력 있는 기독교를 해칠 만큼 인도 사상으로 개작된 기독교가 되는 것은 생각하지 않고 있다. 예를 들어, 브라만의 가르침과 그 방법에 대한 그의 반발은 확실히 비난받을 정도로 불충분한 것이 아니다. 사실 선다 싱의 전체적인 견해는, 그 긍정적인 면으로, 비범신론적non-pantheistic인 것으로나 개인주의적인 것으로 또한 그 역사적 관련성으로도, 그저 단순하게 인도철학과 종교의 성향을 반영하고 있거나 그대로 물려받고 있는 것이 아니다. 인도인으로서 그가 인도 사상의 내용을 그대로 물려받아 직접적으로 표현하지 않는 것은, 유대인으로서의 바울이 유대 사상의 특징들을 그대로 표현하지 않는 것이나, 아프리카계 로마인이었던 어거스틴이 아프리카계 로마인의 정신적 특징들을 쉽게 느낄 수 있게 그대로 물려받아 표현하지 않은 것과 같다. 바울이나 어거스틴은 각자 자신이 유대인이라는 사실과 로마인이라는 사실을 자랑스럽게 생각하여, 진정한 기독교가 허용하는 범위 안에서 유대인과 로마인으로 남아 있길 원했던 것처럼, 선다 싱은 자신이 인도인인 것을 자랑스럽게 생각하며 진정한 기독교가 허용하는 한 인도인으로 남아 있길 원하고 있다."

우리의 견지로는, 이것이 선다 싱의 입장을 정확하게 표현한 것이라 생각된다. 선다 싱은 이렇게 말했다.

"한번은 라즈푸타나를 여행할 때, 급히 정거장으로 가고 있던 한 브라만 계급의 사람을 보게 되었다. 더위를 먹은 그는 플랫폼에 쓰러져 버렸는데, 영국계 인도인 역장이 그를 도와주려고 흰 컵에 물을 떠서 갖다 주었으나 그는 그 물을 마시려고 하지 않았다. 그는 목이 타는 듯하면서도 이렇게 말했다. '나는 그 물을 마실 수가 없습니다. 그럴 바에야 차라리 죽는 게 낫습니다.' 그러자 사람들은 이렇게 말했다. '우리는 이 컵을 먹으라는 게 아닙니다.' 그러나 그 사람은 '나는 내 신분을 더럽히고 싶지 않습니다. 차라리 죽는 편을 택하겠습니다'라고 대답했다. 그러나 사람들이 그의 놋그릇에 물을 떠서 갖다 주자 그는 허겁지겁 그 물을 마시기 시작했다. 생명수도 마찬가지이다. 인도인들에게 생명수가 필요하긴 하지만, 그들이 원하는 것은 유럽인들의 컵에 담긴 생명수가 아니다."

선다 싱의 교수법은 인도적인 것이라 할 수 있다. 종종 현인들이 그러하듯이, 대중의 스승들은 언제나 회화적으로 말하고 논쟁한다. 그도 가끔씩 회화적으로 생각하곤 하는데, 이 점에서 선다 싱은 인도의 환상가들이나 시인들의 전통을 따른 방법을 사용하고 있다. 이것은 공개 강연보다는 사적인 대화에서 더욱 두드러지게 나타난다. 그가 사적인 대화에서 사용하는 예화들은, 생각건대, 깊은 숙고의 결과라 하겠지만, 개인적으로 그의 이야기를 듣고 있노라면 그의 정신은 생생한 그림 속에서, 또한 그런 그림에 의해서 운동하고 있음을 깨닫게 된다. 그리고 즉석에서 나오는 그의 말은 훌륭한 상상력을 보여준다.

그러나 이것은 인도적인 것이라기보다는 오히려 동양적인 것이라 할 수 있을 것이다. 동양인들 중에서 오직 인도인들만이 요한의 로고스Logos, 생명, 사랑의 철학에 도취되어, 그것을 생생한 비유로 옮길 수 있었을까?

그러나 성자로 하여금 히말라야의 험난한 곳에서 하나님과 영원을 깊이 묵상하는 성인들을 찾게 하고, 그로 하여금 카일라스에서 만난 덕망 있는 마하리시Maharishi—힌두교 문헌에서 부단한 종교적 연상으로 인하여 신성화된 이름—에게 깊은 관심을 가지게 하는 본능은 특별히 인도적인 것이라 할 수 있다. 홀로 명상하기 위해 숲이나 산 속의 동굴 혹은 사막의 절대적 고독을 추구하는 은자나, 비슷한 사람들과 함께 이룬 공동체 속에서 더욱 용이하게 신과 교제하는 삶을 발견하는 수도사는 동서양 어디서든 찾아볼 수가 있다. 그러나 '집단적인 헌신'이 서양의 특징이라면, 인도는 은자들의 고전적인 명소가 되어왔다. 그런 고독한 명상의 삶을 살고자 하는 동경은 성자 속에 있는 인도인의 기질이라 하겠으나, 그리스도의 사랑이 그로 하여금 동포들의 구원을 위해 일하게 하였다.

온전한 인도인으로서는 자연히 온전한 인도교회를 갈망하게 된다. 그는 "인도 교회의 앞날이 어떻게 될 것 같은가? 성공회인가? 감리교인가? 침례교인가? 아니면 다른 그 무엇인가?"라고 묻고는 "그러나 인도에는 오직 하나의 인도교회, 인도의 형식과 이상을 따라 조직된 교회가 있을 것이다"라고 대답했다. 그렇지만 그는 인도교회가 아직은 홀로 서기를 할 수 없는 상황이라고 생각하고 있다. 인도교회의 지도자들을 훈련시키기 위해 아직은 선교사들이 필요하며, 인도교회에 대한 더 많은 책임의 이전은 점진적으로 주어져야 하리라고 그는 생각하고 있다.

"수영을 배우기에 앞서 먼저 땅에서 헤엄치는 방법을 배워야 한다. 그 다음에 물에 들어가서도 처음에는 얕은 곳에서 하다가 점차 깊은 곳으로 들어가야 한다. 이처럼 신중하게 훈련받은 인도인 지도자들은 처음에는 그들이 배우기에 적당한 곳에서 일하면서 점진적으로 그들의 교회를 강하게 만들 수 있게 될 것이며, 우리는 위대한 일들이 일어나기를 기대할 수 있을 것이다. 이미 몇 군데에서는 그러한 일들이 시작되었다."

그는 인도교회의 장점과 약점에 대한 이런 의견을, 머리에는 히말라야로 관을 쓰고 그 발은 실론의 연꽃을 딛고 있는 대중적인 상象으로서의 "어머니 인도"라는 비유로써 역설한다.

"우리는 인도를 사람에 비유할 수가 있다. 즉, 히말라야가 그 머리요, 남부 인도가 그 발이며, 펀잡이 그 오른손이고, 벵갈이 그 왼손이다. 이 사람이 든든히 서기 위해서는 그의 발이 되는 남부 인도를 딛고 서야 한다. 남부 인도의 기독교인들은 그 숫자와 교육 정도에 있어서 매우 앞서 있다. 그러나 이 많은 교회들이 자활적이며, 사람이 이 발을 딛고 설 수 있다고는 해도 아직은 걸음을 시작할 수가 없다. 그 이유가 무엇인가? 나는 코친 주에서 유대인을 한 명 만났는데 그는 일어서기는 하지만 걷지는 못하였다. 왜 그럴까? 그 이유는 다리가 붓고 무거워지는 상피병에 걸렸기 때문이다. 인도교회는 남부 인도교회의 상피병 때문에 전 인도에 복음을 전하여 구원을 받게 하지 못하고 있다. 카스트 제도의 계급 구별이 그 주요 약점이다. 이 카스트 제도와 그 외의 다른 이유들 때문에 사랑이 결여되어 있고, 따라서 다른 사람들을 구원하고자 하는 관심이 결여되어 있다. 이 병을 고치기만 한다면, 남부의 인도교회는 인도의 다른 교회들을 인도하는 도구가 될 수 있을 것이다."

성자의 생활을 택함으로써 선다 싱은 신중하게 기독교의 인도화를 시도하고 있다. 그리고 그의 시도는 그가 예상했던 것보다도 더욱 근본적인 문제들을 일으키게 된다. 그러나 다른 관점에서 보면 그가 마음에 품고 있었던 기독교의 인도화는 주로 외형적인 문제였다. 기독교가 인도에서 어떻게 민족화가 될 수 있을 것인가를 질문한 어느 친구에게 그는 이렇게 대답하였다: "사람들은 교회 바닥에 앉아야 한다. 그리고 터번 대신 신발을 벗어야 한다. 인도 음악을 사용하고, 장시간의 비형식적인 연설이 설교를 대체해야 할 것이다."

근본적인 문제들에 관한 한, 성자에게 있어 기독교는 초민족적인 것이다. 그리고 기독교는 동양의 종교도, 서양의 종교도 아니며 인류의 종교이다. 그리스도께서 유대인의 율법과 선지자들에 대해 말씀하시면서 그것들을 폐하러 온 것이 아니라 온전케 하러 왔다고 한 것처럼, 성자에게 있어 기독교는 힌두교의 보다 고상한 요소와 관계된 것이다.

"기독교는 힌두교의 완성이다. 힌두교가 수로를 뚫었다면, 그리스도는 이 수로를 통해 흐르는 물이다. 『바가바드기타』 *Bhagavad Gita*는 요한복음서와 아주 흡사하다. 어쩌면 그것은, 내 친구의 말처럼, 힌두교인이 요한의 사상을 힌두교적 형태로 옮긴 것인지도 모른다. 바가바드기타는 주후 2세기에 기록되었는데, 당시에 인도에는 기독교인들이 존재하고 있었다. 태양에서 나온 열은 대지에 저장된다. 돌과 돌이 마찰을 일으키면 열이 난다. 비기독교 사상가들도 의의 태양으로부터 빛을 받은 것이다. 힌두교도들도 성령을 받았다. 힌두교에도 아름다운 것들은 많이 있지만, 충만한 빛은 그리스도에게서 나오는 것이다. 모든 사람들이 공기를 마시는 것처럼, 비록 그 이름을 부르지 않는다 할지라도 비 기독교인이나 기독교인은 모두 성령을 숨 쉬고 있는 것이다. 성령은 몇몇 특별한 사람들의 사유물이 아니다."

그렇다면, 선다 싱은 왜 힌두교의 성전聖典 연구에서 별로 얻게 된 것이 없으며, 더욱이 힌두교의 요가로부터는 아무것도 얻은 바가 없다고 주장하는 것처럼 보이는가라는 질문을 해볼 수 있다.

속담에서 말하는 것과 같이, 회심자들은 자신의 이전 신앙에 대해 극렬한 비판가가 되는 경향이 있다. 물론 사람은 새로운 신앙의 장점과 이전 신앙의 약점을 강렬하게 느끼지 않고서는 큰 희생을 치르면서까지 그 종교를 바꾸지 않는다. 어떤 인도인 회심자들은—판디타 라마비Pandita Ramabi가 그 대표적인 인물이다—힌두교를 "흑암의 세력"으로만 이해한다. 그러나 선다 싱의 태도는 이렇게 설명될 수가 없다. 힌두교의 어두운 부분에 대해서는 그가 결코 언급하지 않기에, 우리는 그에게서 이에 대한 아무런 언급도 찾아볼 수 없다. 그는 대중종교의 막대한 폐습에 대해서는 좀처럼 비난하지 않는다. 힌두교 대한 그의 비판도 그 약점에 대한 것이 아니라 주로 그 장점—철학적 범신론, 업Karma의 교리, 지식의 길Jnana-marga, 요가수련, 금욕주의적 이상 등—에 대한 것들이다.

우리의 질문에 대한 답은 다른 곳에서 찾을 수밖에 없다. 이미 여러 번 반복해서 말한 바와 같이, 선다 싱은 신비가로서 그의 신비주의는 그리스도를 중심으로 하고 있으며, 이런 은유나 아니면 다른 은유로 나타내기에는 빈약하긴 하지만 그는 그리스도와의 사랑에 빠진 사람이라 할 수 있다. 그리고 이제 그가 그것으로 말미암아 기동하는 그리스도에 대한 지식과 사랑의 빛과 비교해 볼 때, 힌두교의 성인들에게 비춰진 최고의 조명도 그에게는 정오의 태양에 대한 새벽녘의 어스름 정도로 보이는 것이다. 그것이 지니고 있는 진리도 물론 의심할 여지없이 좋은 것이긴 했지만 이제는 더욱 좋은 것이 주어진 것이다. 가장 좋은 것을 가지고 있으면서 그저 좋은 것을 취한다고 하는 것은 확실히 저급한 길을 택하는 것이라 할 수 있다.

철학적 범신론

철학적인 면에서 볼 때 힌두교는 그 체계가 너무나 견고하여, 경구나 예화들로 구성되어 있다고만 할 수는 없다. 그리고 먼저 간단히 언급했듯이, 이성에 근거한 선다 싱의 지적인 비판을 기대하고 범신론이나 업의 교리 또는 즈나나*Jnana*에 대한 그의 말을 들으면 곧 실망하게 된다. 선다 싱은 확실히 철학자가 아니다. 그 또한 자신이 철학자가 아님을 제일 먼저 주장할 것이다. 그의 정신은 오히려 예언자의 그것—철학자보다는 시인과 더욱 유사한 유형—이라 할 수 있을 것이다. 다른 사람들이 지나쳐 버리는 곳에서 예술가는 아름다움을 발견하여 세상 사람들에게 보여줄 수 있는 것과 마찬가지로, 예언자는 도덕적이고 종교적인 가치를 식별할 수 있는 눈과 그것을 인류에게 생생히 증거할 수 있는 능력을 가진 사람이다. 미학적이든, 윤리적이든 간에 직관적인 가치인식은 철학자의 특징이라고 할 수 있는 논리적 설득력에 대한 순수한 지적 식별력이나 과학자의 특징이라고 할 수 있는 관찰의 결과를 종합하는 법칙에 대한 이해력과는 다른 것이다. 힌두교에 대한 선다 싱의 비판은 지적인 논증으로서가 아니라 그의 "예언자적인" 기질이 이러한 가치 기준 문제에 있어서 힌두교의 결함을 어떻게, 그리고 어디에서 "느끼는가"라는 것을 보여준다는 점에서 그 중요성을 지니고 있다.

종교의 근본적인 주장은 결국 실재는 선하다는 것이다. 그리고, 그렇기 때문에 우리가 충분히 오랫동안 찾기만 한다면, 최상의 것이란 바로 진리임을 발견하게 된다는 것이다. 그러나 훈련을 받지 못한 사람은 최상의 것이 아닌 최상의 미美에 대한 판단자에 불과하게 된다. 도덕적 통찰력은 훌륭한 미각만큼이나 드문 것이다. 사람으로 하여금 무엇이 진정 최상의 것인지를 보다 분명하게 볼 수 있도록 도와주는 것이 예언자의 특별한 기능이다. 철학자는 그것이 진실한 것임을 증명해야 한다. 그러나 철학자가 이 일을 할 수 있는 것은 그의 연구에서 무엇이 최상의 것인가 하는 문제가 아니라 무엇이 가장 진실한 것인가 하는 문제에 주안점을 둘 때이다. 그러므로 한 사람이 예언자이면서 철학자가 되기란 극히 어려운 일이라 할 수 있다. 그런데 이상하게도 선다 싱은 예언자도 아니며 철학자도 아니다. 하지만 철학의 나라 인도의 기독교회에서는 머지않은 장래에 예언자적인 철학자가 나올 수 있을 것이다.

범신론에 대한 선다 싱의 잦은 비판은 주로 그의 인도적 환경에 대한 반작용이라 할 수 있다. 모든 힌두교도들이 범신론자들이라고는 말할 수 없다―일례로, 그의 철학으로 박티 예배에 지적 근거를 제공한 라마누자Ramanuja는 분명 범신론자라 할 수 없는 사람이다. 그래도 여전히 인도에서는 주로 대 상카라Sancara의 일원론에 근거한 범신론이 지배적인 종교철학이다. 대중종교들이 하나님의 초월성만을 강조하는 경향이 있는 서구의 기독교 신비가들은 보통 하나님의 내재성을 강조하는 것을 볼 수 있다. 그 정반대의 상황에서, 선다 싱은 진리의 다른 면을 강조한다. 그러나 특별히 범신론의 종교적 가치를 형성하고 있는 요소들이―영혼과 신적 존재와의 관계에 대한 밀접함과 친밀성, 그리고 그 내적 특성들에 대한 주장들―그의 메시지의 본질이다.

"이슬람교와 힌두교의 신비가들은 오해하여 강이 바다로 흘러들어가 함몰되는 것과 같은 대 영혼the Great Spirit에로의 함몰을 추구하였다. 이상은 대 영혼 속에 존재하는 것이지, 그 속에서 자신을 상실하는 것이 아니다."

선다 싱은 또 이렇게 말한다.

"힌두교도들은 흔히 요한복음을 좋아한다. '내가 너희 안에 너희가 내 안에'라는 말이 그들의 마음에 드는 것이다. 그러나 그들은 이것을 그들의 범신론과 혼동하는 경향이 있다. 그리스도와 성부의 하나 됨과 그의 우리와의 하나 됨은 다른 것이다. 빛은 곧 태양이며 태양은 곧 빛이다. 열은 곧 태양이며 태양은 곧 열이다. 그렇다고 열이 곧 빛이라고 말할 수는 없다. 그리스도는 이 세상의 빛이다. 성령은 이 세상의 열이다. 그리스도는 성령이 아니다. 나와 하나님의 구별을 흐리게 하는 범신론은 이 중요한 점을 간과하고 있다. 내가 하나님을 기쁘게 하려 한다면 나는 하나님과 달라야만 한다. 만일 혀와 사탕 사이에 아무런 차이도 없다면 혀는 사탕의 맛을 느끼지 못할 것이다."

언젠가 선다 싱은 이렇게 말한 적이 있었다. "우리가 만일 하나님이라면, 예배의 필요성이 없어질 것이다. 범신론에는 죄에 대한 의식이 없고, 비도덕적인 경향이 있다."

"당신에게 범신론적인 요소가 없는 것이 놀랍습니다"라는 바론 폰 휘겔의 말에 그는 이렇게 대답했다.

"내가 기독교인이 된 초기에는 범신론적인 경향이 있었다. 나는 내가 가진 그 놀라운 평화가 내가 하나님이 되었거나 아니면 그의 일부가 된 결과라고 생각하곤 했다. 그러나 다음 두 가지 논거로 이러한 의문이 해소되었다. 첫째는 내가 요가를 수행할 때 이러한 평화를 느낄 수 없었다는 점이며, 둘째는 이따금씩 하나님이 나를 버렸다는 의식으로 말미암아 우울증을 느끼게 된 점이다."

요가와 박티

인도의 신비주의 물줄기는 일반적으로 두 개의 큰 줄기—요가Yoga와 박티Bhakti—를 따라 발전해왔다. 이것들은 부수적인 것으로 간주되기도 했으나, 신을 추구하는 방법으로 사용되기도 하였다. 그러나 요가에는 많은 방법들이 있고 박티에도 여러 분파가 있어 그 도덕적 가치와 영적 가치에 있어서는 상당한 차이들이 나타나고 있다. 그 중에는 가톨릭의 수도원에서 고안해 낸 명상수련법과 별 차이가 없는 요가가 있는가 하면, 스스로 최면을 걸어 그의 정신, 마음, 의지를 쇠약하게 하는 무익한 기술 따위의 요가도 있다. 그리고 세계의 고등종교들과 어깨를 나란히 할 수 있는 박티 분파들이 있는가 하면, 비도덕적인 의식에서 신비적 합일을 찾는 종교적 고양을 조장하고, 또 그것을 목적으로 삼는 박티 분파들도 있다.

그러나 요가와 박티 사이에는, 이러한 각 단어들이 내포하고 있는 함축적인 의미의 본질적인 차이점들 외에도, 광범한 전체적인 견지의 차이점들이 있다. 세세한 내용은 차치하고 대충 그 조감도를 살펴보며 차이점들을 지적해 보면 다음과 같다. 즉, 요기들은 엄한 훈련과 자기수련을 통해 절대자와 접촉하는 행복을 추구하는 반면, 박티들은 노래, 춤 찬미의 아름다움을 통해 그것을 추구한다. 전자는 자신의 욕망을 억제하는 한편, 후자는 그것을 표현한다. 전자의 표어는 주로 지적인 노력으로서의 "집중"인가 하면, 후자의 표어는 주로 감정적인 방종으로서의 "헌신"이다. 요기들에게 있어 평화가 신비적 추구의 목표라면, 박티들에게는 기쁨이 그 목표이다. 전자는 보다 깊은 영적 통찰로써 불변하는 존재에 대한 인간의 욕구를 충족시키는 반면, 후자는 움직임과 리듬 속에서 상징적으로 표현되는 충일한 생명력에 매료된다. 전자는 개인주의적이고 고독한 명상에 몰두하는 것인 반면, 후자는 사회적이며 유사한 사람들의 모임에서 기쁨과 영감을 이끌어내는 것이다. 요기들은 사내가 집례하는 예배와 같은 것들을 무시하고 숲이나 동굴을 좋아하는 반면, 박티들은 성전, 신상, 찬미를 충분히 활용한다. 전자가 인격적이든 비인격적이든 영원한 존재를 흠모한다면, 후자의 온전한 헌신은 인간 안에 있는 지고의 신성을 나타내는 라마Rama와 크리쉬나Krishna에 대한 것이다.

선다 싱은 종종 자신은 요가나 박티 학파의 영향을 전혀 받지 않았으며, 만일 자신의 종교가 기독교 전승 외부에서 유래한 것이라면 한 순간도 지속될 수 없었을 것이라고 주장한다. 요가나 박티에 대해 전혀 들어본 적이 없는 독자는 여기서 말하는 사람의 견해와 체험이 신약성서에 의하여 만들어진 것임을—그리고 여기저기에서 아씨시의 프란시스나 토마스 아 켐피스의 영향을 받고 있음을—증명할 수 있다고 말할지도 모른다. 그러나 그렇게 생각할 수 있는 내용은 아무것도 없다.

그렇지만, 계속하여 선다 싱이 상기시키는 요가, 아니면 적어도 요가의 한 방법은 그가 어린 소년이었을 때 수련한 것이었다. 그는 그것을 수련하면서 무엇인가 부족하다는 것을 알게 되었다. 그리고 모든 사람들에게 있어서 신적인 조명의 전조가 되는 보다 고상한 것들에 대한 영혼의 갈증을 그가 처음으로 느꼈을 때 그것은 바로 평화에 대한 요기의 열정과 같은 형태의 것이었다. 그러나 비록 "집중"을 통한 요기의 "평화"—산스크리트어 '사마디'Samadhi는 집중과 평화 모두로 번역될 수 있다—는 선다 싱이 말하는바 기쁨이 가득한 하나님의 평화와는 전적으로 다른 것이다.

그렇다면 우리는 그가 체험한 엑스타시로 말미암아 이루어진 종교생활과 그의 초기의 추구 및 수련을 완전히 분리할 수 있는가? 그의 엑스타시 체험은 서구 신비가들과 공통점이 있다. 그러나 그 발생의 빈번함과, 선다 싱이 그것에 부여하는 중요성, 그리고 그것이 과연 하나님께로부터 온 것이라는 확신을 가지기 전에 다른 가톨릭 신비가들이 조심스럽게 각 환상을 조사해 보는 것과 같은 불안함이 그에게는 없다는 점에서 선다 싱의 신비주의는 보다 고상한 요가의 유형과 일맥상통하는 데가 있다. 그럼에도 불구하고 선다 싱의 신비주의와 요가의 신비주의 사이에는 아주 근본적인 차이점이 하나 있다. 즉 그는 엑스타시 속에서 일상생활에 대한 그리스도의 통치를 점점 더 강화해 나간다는 사실이다.

비록 그가 암송하여 알고 있었던 『바가바드기타』 안에 박티와 매우 유사한 내용들이 있긴 하지만, 선다 싱이 소년이었을 때 힌두교 서적들에서 박티 시인들을 특별히 연구했다는 증거는 찾아볼 수가 없다. 또한 영혼과 신과의 친밀성 혹은 신에 대한 영혼의 갈망을 묘사하기 위해 박티 신비가들이―많은 기독교 신비가들도 마찬가지로―친숙하게 사용하는 성적인 표현이 그에게서는 발견되지 않는다는 점은 주목할 만하다. 그의 종교 체험이 가장 강렬하게 일어날 때에 그것에 수반하여 일어나는 것은 고양된 흥분이 아니라 오히려 더욱 깊은 정적이다. 그러나 극도로 통제되어 있긴 하지만 그에게는 박타의 열망과의 긴장이 숨어 있다. 한 번은 박티 시인들에 대해 말하면서, 그들에게 영적 고양 상태가 일어날 때에 머리카락이 곤두서고 눈물이 흘러내리며 몸에 진동이 일어나는 것에 대해 그들이 말하는 것에 대한 이야기가 오가게 되자, 선다 싱은 이런 말을 하였다.

"이것들은 모두 외적인 현상일 뿐이다. 실재는 그들을 초월해 있다. 흔히 내 기쁨은 극도로 고요한 형태를 취하면서 일어나지만, 때로는 머리칼이 곤두서고 눈물이 흘러내리는 것과 같은 전혀 다른 형태를 취하기도 한다. 그러나 엑스타시로 몸이 진동하는 경우는 한 번도 없었다. 내가 경험하는 기쁨과 평화는 전염성을 가지고 있다. 언젠가 나는 저와 함께 있던 다른 사람들이 내가 그랬던 것처럼 기쁨의 눈물을 흘리는 것을 보았다."

그는 요기의 평화와 박타의 기쁨을 추구하여 그것들을 그리스도 안에서 발견하였을 뿐만 아니라 더욱 풍성히 누리게 되었다. 지금까지 본서를 읽은 사람으로서 선다 싱이 느끼고 살았던 기독교가 순수하고 깨끗한 신약의 종교일 뿐만 아니라, 서구인들이 전혀 이해하지 못한 힌두교의 극치이자 왕관—요기와 박타가 추구한 것의 종합과 승화의 길—임을 간과할 사람이 과연 있겠는가?

성자의 이상

이제 우리는 기독교에 대한 선다 싱의 생각과 표현에서 가장 인도적인 요소를 다루게 되었다. 서구의 중세 시대, 특히 프란시스코 수도원 운동에는 선다 싱에게서 볼 수 있는 것과 비슷한 시도가 있었다. 프란시스의 수련과 이상은 선다 싱과 일치하는 점이 많다. 그러나 이것은 그에게 아무런 영향을 미치지 않았을 수도 있다. 그로 하여금 이 20세기에 그러한 이상을 실행에 옮기도록 자극을 준 것은, 확실히 그가 어렸을 때 어머니에 의해 그녀가 교제하던 힌두교의 성자들sadhus을 만나게 되고 그들과 그들의 삶의 방식에 대하여 크게 감탄한 것에서 찾을 수 있을 것이다. 어머니는 그에게 "너는 네 형제들처럼 경솔하고 세속적인 사람이 되어서는 안 된다. 너는 영혼의 평화를 추구하고 종교를 사랑해야 한다. 그리고 언젠가는 훌륭한 성자sadhu가 되어야 한다"고 자주 말했다. 한번은 선다 싱이 이런 말을 하였다. "나를 기독교인이 되게 하신 분은 성령님이시다. 그러나 나를 성자가 되게 하신 분은 나의 어머님이시다."

그러나 전형적인 힌두교 성자와는 달리, 확실히 선다 싱은 공로를 쌓거나 스스로 고통을 가함으로써 완전에 도달하고자 노력하는 금욕주의자는 아니었다. 그는 자신에 대하여 "설교 탁발 수도사"preaching friar라고 말하길 좋아한다. 그는 이 세상과 이 세상에 관계된 모든 것이 다 악하다고 말하지도 않으며, 오히려 하나님이 선하신 분이시기 때문에 그가 지으신 이 세상도 분명히 선할 수밖에 없다고 말한다.

"나는 힌두교의 성자들에게 '여러분은 자신에게 고문을 가하려 하기 때문에 성자가 되었습니다. 그러나 나는 봉사하는 성자입니다. 나는 비록 고문을 받기는 하지만, 스스로 고문을 가하지는 않습니다. 나는 이 세상을 거부하지도 않습니다. 나는 이 세상에 있길 원하지만, 이 세상의 것이 되고자 하지는 않습니다'라고 말하곤 한다."

"언젠가 히말라야의 한 마을을 지나가다가 오물더미가 쌓여있는 것을 보았다. 그런데 그 악취가 얼마나 지독하던지 그만 구토를 하고 말았다. 얼마 후에 나는 또 다시 그곳을 지나가게 되었는데 이번에는 악취를 가리는 향기를 맡게 되었다. 너무나 놀라서 살펴보았더니, 오물더미 위에 꽃들이 자라서 향기를 발하고 있었다. 태양에서 나오는 열과 빛이 꽃들에게 그토록 아름다운 색깔과 향기를 준 것이었다. 그곳은 오물로 가득 한 곳이었으나, 그 오물이 오히려 거름이 되었던 것이다. 그와 같이 우리는 오물로 가득 찬 이 세상에 살고 있다. 그러나 우리의 마음이 의의 태양을 향해 열려 있으면 우리는 꽃들과 같이 그로부터 영적인 색깔과 향기를 받을 것이며, 이 세상에 속한 것들은 거름과도 같이 우리의 영적 생명을 도와주는 것이 될 것이다."

"나는 정원에 앉아 혼자 속으로, 이 꽃들과 열매, 그리고 이 모든 것들은 하나님이나 천사, 사탄, 그리고 동물들을 위해 만들어진 것이 아니라 바로 사람들을 위하여 이렇게 만들어진 것이란 생각을 해보았다. 그런데 우리는 왜 이러한 것들을 거부하는 것인가?"

이러한 일반적인 원리의 의미를 가장 실제적으로 보여주는 것은 돈과 결혼에 대한 그의 태도이다. 대체로 선다가 성자의 생활을 채용한 동기는 매우 분명한데, 그것은 이 생활을 택함으로써 온전히 자유로운 몸이 되어, 세상적인 일에 구애받지 아니하고, 인도 서적들에서 그토록 칭송하는 덕행을 실행하며, 한결같은 정신으로 행과 불행을 받아들일 수 있기 때문이었다. 그리고 그에게는 그것이 주로 많은 인도사람들에게 복음을 전할 수 있는 최상의 방법으로 보였기 때문이었으며, 비록 그가 말은 하지 아니하였을지라도, 다른 방법보다는 그러한 삶으로써 예수 그리스도의 삶을 모방하는 것이 더욱 수월하기 때문이었을 것이다. 그리고 마지막으로는, 그가 하나님으로부터 그러한 삶을 살라는 소명을 받았다는 절대적인 확신을 가지고 있었기 때문이었다.

돈

그는 돈을 가지고 다니지 않았다. 그가 서구에서 어떻게 지냈는지에 대해서는 이미 설명했다. 한번은 친구들의 권유로 돈을 가지고 다녀 보았으나, 곧 포기하고 말았다.

"나는 내 주머니가 아니라 하나님을 신뢰하고 싶다. 소매치기들도 많고 주머니에는 구멍이 생길 수도 있지만, 하나님을 믿으면 안전하다. 우리는 그분 안에서 우리가 원하는 모든 것을 발견한다. 내가 부자라고 해도, 나의 재물에는 한계가 있을 수밖에 없다. 그러나 하나님께서 나의 사랑하는 아버지가 되시면 이 세상 모든 것이 다 내 것이 된다."

성자 생활을 초기에는 음식을 사먹을 돈도 없고 그를 초대하는 사람도 없어서 아무런 음식도 먹지 못하고 지내는 적이 있었다. 그러나 이제는 그의 이름이 너무나도 잘 알려져 있기 때문에 그러한 어려움을 더 이상은 겪지 않고 있다. 사실 그가 어디를 가게 되면 많은 사람들이 그의 차표를 서로 사주겠다고 다툴 정도이다.

이런 성자생활의 지혜는 인도의 전통이란 관점에서 판단되어야 할 것이다. 서구에서는 아무리 성실한 사람이라 할지라도 다른 사람들의 존경심을 잃지 않으면서 구걸을 하며 산다는 것은 불가능할 것이며, 오랫동안 그런 생활을 한다면 자존심마저 상하지 않을 수 없게 될 것이다. 그리고 설사 어떤 사람이 그런 생활을 하는데 성공한다 해도, 그의 추종자들은 성공하지 못하게 될 것이다. 프란시스코 수도회의 초기 형태는 실제적으로 모든 것을 포기한 삶이었는데, 그러한 삶은 현대보다는 중세 시대에 더욱 실행 가능한 것이었다. 그러나 바울은 복음을 전하는 동시에 천막을 만드는 사람으로서 소위 "반나절 노동"을 하며 생계를 유지할 수가 있었으며, 그렇게 하여 서구 사회에서 살아남을 수가 있었다. 그러나 인도에는 이런 문제에 대한 전혀 다른 전통이 있으므로, 서구에서는 실수가 될 것이 그곳에서는 오히려 훌륭한 착상이 될 수도 있다.

스스로 돈을 거부함으로써, 선다 싱은 모든 사람들, 특히 일을 하고 돈을 받으며 마음과 온 영혼을 바쳐 일하지 않는 성직자들을 비난하고 있다.

"우리는 자녀가 아버지를 대할 때와 같은 사랑으로 하나님의 일을 해야 한다. 삯군이 보수를 바라고 일을 하듯 하지 말고, 아버지의 일을 하는 것이기에 사랑의 정신으로 하도록 하자. 보수를 받고 있으면서도 얼마나 많은 하나님의 종들이 아무렇게나 형식적으로 일을 하고 있는가! 심지어는 아무런 일도 하지 않고 그저 계속해서 보수를 받기만 하는 사람들도 있다. 그들의 마지막은 멸망이 될 것이다."

"네팔에 한 왕이 있었다. 그는 세 사람을 보내어 그의 정원에서 일을 하게 하였는데, 한 사람에게는 8아나를 주기로 하고, 다른 사람에게는 12아나를 주기로 하였으며, 노예인 세 번째 사람에게는 아무것도 주지 않기로 하였다. 그리고 왕은 멀리서 몸을 숨기고 그들이 일하는 것을 지켜보았다. 그런데 8아나를 계약한 사람은 아무런 일도 하지 않고 나무 그늘 아래 누워서 잠을 자고 있었으며, 12아나를 계약한 사람은 열심히 일을 하고 있었고, 노예는 마치 자신의 일을 하듯 전심으로 일을 하고 있었다. 저녁이 되자 그 주인은 그들에게 삯을 주었다. 그리고 8아나를 주기로 한 사람에게는 '너는 게으르며 나무 아래서 잠만 잤으니 너는 그 나무에 매달리게 될 것이다'고 말하고는 그를 나무에 매달아 버렸다. 두 번째 사람이 두려움에 떨며 다가오자, 그 주인은 아주 기뻐하며 12아나 외에도 그에게 선물을 주어서 보냈다. 그리고 노예가 다가오자 주인은 그에게 물었다. '네 삯은 얼마인가?' 그러자 노예는 주인에게 '당신은 나를 사신 주인님이십니다. 나는 일생동안 주인님을 위해 일하겠습니다. 당신은 내 아버지이십니다. 주인님께서 나에게 주시는 음식과 의복만으로도 나는 충분합니다'라고 말했다. 그의 충성심에 감복한 주인은 그에게 이렇게 말했다. '너는 삯을 위해 일하지 아니하고 나에 대한 사랑으로 일을 하였으니, 이제부터 너는 내 아들이 될 것이요, 나의 모든 재산은 네 것이 될 것이니라.' 아들이 없던 그 주인은 그 노예를 아들로 삼았다. 나무에 달린 사람은 이것을 보고 '아! 나도 그 사람처럼 일했더라면 그와 같은 행운을 얻었을 것을!'이라며 탄식했다. 우리는 모두 하나님의 포도원에 일하러 보냄을 받은 사람들이다. 보수를 받는 것이 잘못된 것은 아니지만, 보수를 받으면서도 게으름을 피운다거나, 밭에서 하나님의 일은 하지 않고 일정한 보수를 받을 때만 일을 하는 것은 옳지 못한 것이다. 그 노예처럼 그것이 아버지의 일이라고 생각하고 사랑의 정신으로 일을 한다면, 우리는 분명히 하늘나라를 상속받게 될 것이다."

결혼

어느 날 저녁, 모임을 마치고 돌아오다가 선다 싱은 이런 질문을 받은 적이 있었다.

"성자께서는 언제 결혼 하실 계획이십니까?"

"나는 이미 결혼했습니다."

"예! 이미 결혼을 하셨다구요?"

"예, 나는 이미 그리스도와 결혼했습니다."

그리고 또 언젠가는 이렇게 말했다: "한번은 어느 친구가 왜 결혼을 하지 않느냐고 묻더군요. 나는 주님과의 교제에서 더욱 큰 행복을 누리고 있습니다." 그는 또한, 바울의 말과 같이, 결혼을 하게 되면 아내를 기쁘게 하려다가 하나님께 모든 힘을 다 바칠 수 없게 될지도 모른다는 생각을 하고 있는 것 같았다.

그러나 그 자신은 결혼을 하지 않으면서도, 그는 다른 사람들에게 결혼하지 말라고 권하진 않는다. 그의 연설에 깊은 감동을 받은 한 결혼한 성직자는, 어떻게 하면 결혼을 한 채로 남아 있으면서도 결혼을 하지 않은 것처럼 주님께 효과적으로 봉사할 수 있을 것인가라는 질문을 성자에게 하였다. 이에 선다 싱은 결혼한 사람도 하나님의 충성된 사역자가 될 수 있음을 그에게 확신시켜 주었다. 언젠가 한번은 크리스티쿨Kristikul─기독교 성자를 양성하기 위해 제안된 기관─을 그에게 맡기려는 계획을 논의한 적이 있었는데, 선다 싱은 이 문제에 대해 언급하면서 기독교 성자가 굳이 독신을 지킬 필요는 없으리라 생각한다고 하였다. "구루쿨의 교장직도 몇 해 동안 결혼한 사람이 맡고 있지 않았었습니까?"

그에게서는 여성을 무시하거나 기피하는 금욕주의자적인 기질을 찾아볼 수가 없다. 선다 싱은 지상에서 여성들이 그리스도에게 보였던 사랑과 봉사를 강조하면서, 여성들이 남자들보다도 주님을 더 잘 이해하고 있었음을 넌지시 말하곤 했다. 그들에게는 남자들보다 더 큰 사랑의 포용력이 있기에 실제로 그리스도와 더욱 많은 공통점을 가지고 있었던 것이다. 성자 자신은 여성들 가운데서 전혀 부담을 갖지 않고 행동하고 있으며, 또한 그에게는 서신으로 깊이 교제하는 여자 친구들도 있다. 그의 어머니에 대해서 말할 때면 그는 언제나 깊은 애정과 존경심을 보였는데, 이것은 아마도 여성들 사이에 앉아서 자유롭게 대화하는 가운데 부드럽고 애정 어린 그의 천성이 가장 자연스럽게 표현되는 것이라 볼 수 있을 것이다.

힌두교의 산야시는 여성에겐 말조차 건네지 아니한다. 그러나 힌두교의 선다 싱은 그보다는 덜 엄격하여 가끔 대화를 하기도 한다. 그리고 힌두교의 경전들에서는─종종 기독교 교부들의 글에서 그러하듯─여성이 악한 존재, 유혹자, 뱀과 같은 존재이기 때문에 그들을 피하는 것 자체가 하나의 덕이 된다고 말하기까지 한다. 이 점에서 선다 싱은 힌두교 성자의 이상을 기독교화 하는 데 성공했다고 말할 수 있다. 그러나 어느 특정한 시기에 서구 기독교회가 부분적으로 실패한 것처럼, 여성과 결혼에 대한 그리스도의 견해에 성자보다 덜 감화된 사람들에 의해 기독교 성자의 이상이 해석될 경우, 인도교회의 건전한 발전이 저해될 소지가 있는 부분도 바로 이 점이라 할 수 있다.

기독교 성자와 그 미래

인도교회가 힌두교 성자의 이상을 기독교화 하려는 시도의 결과가 어떠할 것인지는 누구도 장담할 수가 없다. 이미 400명의 젊은이들이 열정적으로 선다 싱을 본받기 위해 그에게 몰려왔다. 선다 싱은 그들 중 많은 사람들이 순간적인 감정으로 그러하여 고된 생활을 끝까지 견뎌내지 못하리라고 생각하였다. 중도에서 포기하는 것보다는 아예 시작하지 않는 것이 더욱 좋다. 그러므로 선다 싱은 그 결심을 확실히 하기 위해 결과야 어떻든 진정 그들이 하나님의 소명을 받았는지를 좀 더 기다리며 기도하라고 말했다. 그리고 성자의 생활을 훈련시키는 학교의 교장직을 맡아달라는 부탁을 받았지만 선다 싱은 거절했다. 건물과 조직은 지나치게 서구 냄새가 나기 때문에, 만일 그러한 일을 한다 할지라도 그는 그것을 인도식으로 실행할 것이다. 그 설립자가 죽고 나면 종교적인 규칙과 조직으로는 그들의 처음 정신을 거의 지속시키지 못한다. 인도의 스승Guru들은 5-6명의 제자들을 두어 그들로 하여금 자신의 삶을 함께 나누게 한다. 성자를 생각해 볼 때, 그러한 방법이 더욱 좋을 듯 하며, 어쩌면 그것이 그가 할 수 있는 유일한 방법일 수도 있을 것이다.

그렇게 된다면, 인도 전역에서는 기독교 성자들이 일어나게 될 것이며, 인도와 같이 종교적으로 마음이 열려 있는 나라에서 그들의 영향력은 참으로 굉장해질 것이다. 그러나 거기에도 몇 가지 위험이 도사리고 있다.

성 프란시스는 규율이나 신학적인 면에서 교황과 교회의 권위를 기꺼이 인정했다. 그러나 서구 기독교의 다른 한 편에서 퀘이커 신비주의자들은, 최소한 그 행동에 있어서는, 형제들에 의해 집행되는 규율에 복종했다. 또한 경험에 비추어 보건대, 아무리 많은 영감을 얻은 사람이라 할지라도 개인으로서는 그가 속한 교회의 지도자의 권고에 따라 잠시 동안만이라도 언행의 제약을 받아들이고―만일 그러한 제약이 지나치게 비이성적이거나 완고한 것이 아니라면―잠시 여유를 가지면서 자신의 언행에 따르는 결과에 대비하는 것도 영적으로 해롭지만은 않을 것이다.

그러나 선다 싱은 그러한 권위를 전혀 인정하지 않는 바, 그에게 있어 사상과 실천의 기준은 내적인 빛이다. 서구인들, 특히 앵글로-색슨 사람들에게 종교적인 면에 있어서는 대단히 개인주의적이다. 그러나 아무에게나 복음에 대한 그의 견해를 물어보면 그들은 대단히 까다롭다는 것을 금방 알게 된다. 이해심 있고 현명한 사람은 그들이 자부심으로까지 여기는 그런 까다로움을 관대히 보아 넘길 수 있을 것이다. 그러나 어떤 사람이 예언자로 인정받기 위해서는, 그가 진정한 예언자임이 증명되기까지는 상당한 시간 동안 미묘한 시험을 거쳐야 한다. 그러나 아무라도―인도에서는 대단히 통속적인 신비적이고 금욕적인 정신의 소유자라 가정할 때―성자의 도포를 두르고 성자의 특권을 누릴 수 있는 그러한 나라에서라면 어떤 일들이 일어나게 되겠는가?

주후 1, 2세기에는 신비가, 설교자, 신지학자, 아니면 금욕주의자이건 간에 떠돌이 "예언자"들은, 유용한 사람들로서 여러 가지 새로운 시도와 사상에 유익한 자극을 주는 한편 교회에 대해서는 위험과 혼란의 진원지가 되기도 했다. 최근의 연구로 밝혀진 초대교회의 지적, 종교적, 사회적 배경에 대해 공부하고 나서 인도를 방문해 본 적이 있는 사람이라면, 종교적 상황과 관련된 한에 있어서, 시간의 장벽을 넘어 자신이 2세기의 그리스-로마 세계에 와 있다는 것을—물론 역사는 결코 반복되지 않는다—깨닫게 된다. 인도에서는 초대교회가 직면했던 난처한 상황들이 조금 변형된 형태로 재연되고 있다. 그러나 20세기의 경험과 교육의 보급, 과학의 발전, 및 그들의 길을 비추어 줄 수 있는 심리학의 출현으로 말미암아 현대의 교회는 그 문제들을 보다 용이하게, 보다 지혜롭게 해결해 나갈 수 있을 것이다.

앞으로 기독교 성자들 사이에는 사도들, 예언자들, 복음전도자들이 나타나겠지만, 무정부주의자들과 도덕률 폐기론자들, 그리고 이단자들도 나타나게 될지도 모른다. 어떤 이들은 교회와 보조를 같이 하겠지만, 또 어떤 사람들은 교회와 다른 방향으로 입장을 표명하게도 될 것이다. 진리와 정의는 하나이나, 실수와 불의는 다양한 법이다. 서로를 이해하는 지혜로운 자유가 있는 곳에서는 실수와 방종이 서로 상쇄될 수가 있을 것이다.

종교의 역사를 살펴보면, 집단적인 예배와 과거의 학문 및 윤리를 가르치는 사람들과 새로운 이상을 가지고 자유의 성령을 따라 사는 사람들이—이 두 가지 유형은 사제와 예언자, 율법학자와 묵시문학가, 신학자와 신비가, 목사와 자유 봉사자로 불린다—성공적으로 서로 협력하는 곳에서 진보가 이루어졌음을 발견하게 된다. 그러나 그러한 협력이 붕괴되는 곳에서는 정체와 재난, 그리고 몰락이 있었음을 보게 된다.

그러나 특별히 인도 특유의 문제가 일어날 가능성이 있다. 이미 언급한 바 있듯이, 힌두교의 선다 싱은 마술적인 능력을 가지고 있는 것으로 생각되고 있다. 선다 싱도 그러한 믿음을 억제하기 위해 주의를 게을리 하지 않았으나, 앞으로 나타나게 될 기독교 성자들이 모두 그와 같이 주의를 기울일 수 있을까? 그 외에도 인도에서는 "너의 스승을 신으로 경배하라"고 가르친다. 그리고 힌두교 철학에서는 사람이 위대한 영혼과 동일한 존재라고 가르치고 있으며, "집중"과 금욕으로 이것을 깨달은 산야시들은 "내가 곧 신이다"라고 말할 수 있게 됨으로써 경배―힌두교의 신들이 받는 경배―를 받게 된다. 선다 싱은 스와미swami라 인사 받는 것을 사양한다. 그러나 철학과 전통, 그리고 대중들의 지지로 말미암아 일어나는 그러한 허영심을 자극하는 유혹을 모든 사람들이 견뎌내겠는가?

아마 그러한 유혹에 넘어지는 사람들도 있겠지만, 대부분의 사람들은 그러한 유혹을 이겨낼 수 있을 것이다. 산야시의 이상을 성취하기란 그리 쉬운 일이 아니다. 그러나 사도 바울과 같이 "내가 이미 깨달았다고 함이 아니라"고 말하는 것은 더욱 힘든 일이다. 우리는 선다 싱의 경우에서 볼 수 있듯이, 인도인의 기질이 그리스도의 영으로 감화 받을 때 그러한 경지를 성취하는 것이 결코 불가능한 것이 아님을 알 수 있다.

민족적이든 아니면 개인적이든, 자연적인 소질을 파괴하지 아니하고 각 사람으로 하여금 그의 개인적인 성품을 따라 보다 높은 경지로 나아가게 하는 것이 바로 기독교의 특징이라 하겠다. 선다 싱의 이상은 사변적인 영역에서나 실제적인 헌신의 영역에서 인도 종교의 가장 위대한 요소들이 결합된 것이라 할 수 있다. 상카라Sankara, 라마누자Ramanuja, 붓다의 이름들이 이를 증언한다. 기독교 성자운동은 그것이 진정으로 인도적인 것임을 훌륭하게 입증해 보일 것이다. 그럼에도 불구하고 선다 싱에 의하면 그것은 진정으로 기독교적인 것이다.

위험과 갈등의 기간이 있을 수 있으며, 또 있겠지만, 그러한 위험들도 미리 예견하고 올바르게 대처하기만 하면 충분히 극복될 수 있다. 진정한 그리스도의 영과 기도의 정신이 있기만 하다면, 인도인들은 그런 위험을 극복해 나갈 수 있을 것이다. 그리고 정식으로 교육받은 인도교회의 목사들이, 레프로이Lefroy 주교가 선다 싱의 문제를 처리한 것과 같은 이해심과 "영적 분별력"을 언제나 보여주고, 또 겸손과 헌신 그리고 그리스도의 마음에 대한 통찰력을 지닌 선다 싱이 성자들의 대열에서 제일 첫 번째 사람으로 인정된다면, 인도교회는 별 문제없이 잘 되어나갈 것이다.